CLELIA PALOMBO

SOLO SESSO E...
FORSE AMORE

Casa Editrice Albertini

Solo sesso e... forse amore

Via Manzoni, 11
29010 Trevozzo di Nibbiano (Piacenza)
Telefono 0523.992055
Fax 0523.992582

ISBN 88-900413-3-1

1ª edizione dicembre 2003
2ª edizione gennaio 2004

Ringraziamenti

Con tutto il cuore, vorrei ringraziare ed esprimere la più sincera gratitudine alle persone che, negli anni, hanno arricchito la mia vita in questa faticosa ma esaltante avventura nel mondo della scrittura:

Roberto Baldassarre, Giorgio Barbieri, Stefano Barbieri, Toni Barlesi, Aldo Bersani, Leonida Bosi, Maria Lucia Cavalli, Pillade Cavallotti, Angela Cobianchi, Anna Daprati, Nikolai Erchak, Canzio Ferrari, Sergio Ferrari, Oreste Franchi, Loris Fratarcangeli, Franco Gallea, Filippo Galvani, Giuseppe Gandini, Barbara Ghibaudo, Elena Groppi, Ibrahim Kodra, Carla e Alessandro Lamedica, Bruna Lanati, Gianfranco Lancini, Pietro Marzullo, Daniela Morsia, Don Luigi Occhi, Nives Patelli, Maria Rava, Francesco Romano, Natalia Rybkina, Anna Seregni, Shpetim, Caterina Turchetti, Elena Zanon.

Grazie anche ai titolari delle librerie in Italia che hanno avuto fiducia nei miei libri.

Ai giornalisti: Andrea Bedetti "Stop"; Luciano Renna e Francesco Puglisi "Il Tempo"; Umberto Fava e Giacomo Nicelli "Libertà"; Giuseppe Marchetti, Maurizia Ghisoni, Emilio Zucchi e Paolo Pernigotti "Gazzetta di Parma"; Giuseppe e Teodosio Martucci "Artecultura"; Calogero Montanti "Canicattì Nuova"; Alessandro Renna "Ciociaria Oggi"; Antonella Fazio "Il Giorno"; Gianfranco De Luca "La Provincia"; Domenico Morizzi "La Fiamma" (Sidney - Australia).

E con particolare affetto il professor Rocco Labellarte. Non avrei potuto avere un amico migliore. Con giusta misura ha stimolato, letto e condiviso il mio lavoro, regalandomi critiche importanti.

Ma soprattutto ringrazio mio marito Roberto e le figlie Ines e Iris: la mia luce. A loro va tutto il mio amore per avermi sostenuto con pazienza, rendendo possibile il mio sogno.

Un grazie dal profondo dell'anima ai miei genitori per avermi dato la forza e il carattere per essere me stessa.

E ancora, grazie ai fantastici cognati: Fiorina e Giuseppe, che mi sono stati vicini con il loro affetto. Vi voglio bene.

Solo sesso e... forse amore

"L'amore però, se è tale, vive silenzioso, paziente e devoto. Nobile, conosce segreti che molti ignorano. Solo lui sa, quando e come far ripartire il suo respiro.

Miracolo di rinascita. Arriva e lo riconosci. Rivoluzione sublime! In un attimo scioglie cuori gelati e induriti. Induriti come il mio. Lo riconobbi. Arrivò all'improvviso e fu come una liberazione da un incubo, poiché..."

Una dolcissima storia d'amore, quella tra Nives e Mauro, nonostante l'anomalia dell'incidente, dignitosamente riscattata dalla conclusione, l'unica degna dell'intera vicenda.

Una storia vera e sofferta sullo sfondo di un'altra storia più vera e più sofferta, quella della guerra che si rivela, ancóra una volta, un affresco di desolazione, di sofferenze, di stenti materiali e morali, di privazioni e di morte. Nell'affresco rientrano con rara efficacia le tradizioni, i costumi, la moralità di una gente laboriosa e dinamica, veramente artefice del proprio destino.

La vicenda d'amore è fatta, soprattutto, di sorrisi, di sguardi, di parole, di gesti, di amplessi, di silenzi, di comprensione che si spinge sino al perdono, di amore sincero e profondo, che trova la sublimità nella morte naturale e pur... desiderata.

Éros e Thánatos, ieri come oggi, come forse... domani. La scrittura è, sostanzialmente, un dia-

logo vivace e vibrante, che spesso s'inerpica in voli, per ridiscendere ad altezza di uomo o di donna, sempre nel rispetto della ricchezza umana, che si chiama "interiorità".

È vero che chi sa scrivere così finisce con lo stancarsi anche fisicamente oltre che mentalmente e psicologicamente. Ma se la "creatura" è di tale bellezza, conviene ancóra continuare a scrivere, l'unica cosa possibile per chi sa amare tanto.

Rocco Labellarte

Una voce gradevole al telefono mi investì: «Sono Mauro, il marito di Nives. Si ricorda di lei?».

«Nives!», esclamai.

«Sì, Nives», ripeté e sùbito dopo, incalzò: «È una sua fedele lettrice... le ha scritto un paio di lettere. E, se la memoria non mi inganna... forse, una volta le ha anche telefonato».

Il nome non mi era completamente nuovo. Ci pensai un po' su e all'improvviso ebbi un flash. Era vero. C'eravamo sentite per telefono durante la promozione di un mio libro. In quell'istante ricordai, di averle detto che trovavo il suo nome poco comune ma originale. Sùbito dopo le avevo domandato se i suoi genitori avessero rievocato una nonna o un'antenata, ma lei aveva risposto che le era stato dato, il giorno stesso della nascita, guardando il calendario liturgico. Ormai, pensai di non aver più dubbi, quindi dissi rapidamente a quell'uomo: «Sua moglie è di Brescia?».

«Esatto!», rispose sollevato.

«Come sta?», domandai.

Fece un lungo respiro e nella sua voce vibrò una nota di tristezza: «Purtroppo... non sta bene». E con voce sempre più grave, aggiunse: «Ha un tumore inoperabile. In questi giorni è stata sottoposta ad esami e terapie estenuanti».

Rimasi seriamente turbata.

«Mi dispiace», dissi confortandolo con garbo.

Lui mormorò: «Bè, cosa vuole... siamo tutti nelle mani di Dio». Poi, alzando il tono della voce, continuò come infastidito: «Se sapesse quante volte mi sono arrabbiato con Lui, ma... creda: è tutto inutile. A cosa serve rimproverarlo? Ah!... mia cara signora, non so proprio dove potrebbe condurmi la disperazione, se non avessi ancóra un briciolo di fiducia. Per fortuna, questa non mi manca. Perché vede... sebbene l'assenza di Nives sia una spina nel petto, pensare di averla nuovamente a casa fra una settimana mi fa sentire già meglio. Sono egoista? Ebbene: lo sono! Alla mia età, ogni istante, si sa, è prezioso, ma non per me. Senza di lei mi sentirei perso. La mia vita non avrebbe più scopo... significato. Sà, non è un giorno, né un mese e nemmeno qualche anno che stiamo assieme».

«Signor Mauro...».

«Semplicemente Mauro... d'accordo?», disse interrompendomi.

«D'accordo», e rapidamente domandai: «Mauro, da quanti anni siete sposati?».

«Cinquantaquattro, più un anno di fidanzamento», rispose solennemente. «Avevo ventisei anni quando l'ho conosciuta. Lei solo diciassette. Era giovane e bella. Così bella da mozzare il fiato. Non c'era uomo che non la guardasse e la desiderasse. Libidine e gelosia: questi erano i sentimenti che mi rodevano dentro. Un segreto che tenni solo per me stesso, perché avevo paura di perderla. E, intanto, soffrivo da morire. Morivo e l'amavo».

Un breve silenzio, poi affermò: «Forse lei non mi crederà, ma, benché sia mutata, oggi penso che sia più bella di un tempo. Quando l'ho conosciuta avevo troppi dubbi su di lei, troppe paure, troppe insicurezze. Adesso sento che le appartengo veramente, e questo mi dà tranquillità... Mi capisce?».

«Sì», mormorai, «...credo!».

«Si dice spesso che una moglie o un marito, alla nostra età, sia solo una compagnia. Di chi si parla? ... di un animale?... di un passatempo per trastullarsi? Le sembra giusto? L'uomo ha bisogno degli altri e la compagnia dà gioia, questo è innegabile; ma che sia solo questo no, non posso accettarlo. Sinceramente se udissi queste parole da mia moglie, ci rimarrei male. Perché vede... Nives, per me, è respiro, palpito, motore della mia stessa vita. Nulla... sarei, senza di lei. Poiché noi, insieme, siamo l'opera compiuta di un progetto. Un progetto realizzato nello spazio e nel tempo di un'intera vita. Una vita che abbiamo pagato con la sofferenza, con gocce di sudore, con lacrime e silenzi risarciti da una manciata di sogni...».

La dichiarazione, particolare e commovente, mi provocò un gran tumulto nel cuore e nella mente.

«Storie come la vostra...», mi venne naturale dire, «dovrebbero essere premiate con una medaglia al valore».

Rise, ed io con lui.

«Mi scusi», disse l'uomo, «io sèguito a parlare e parlare, quando lei, forse, si chiederà quale sia il motivo della mia telefonata. Ecco è questo. Il 5 agosto è il compleanno di Nives. Avrei deciso di farle una sorpresa. So che le farebbe piacere conoscerla. Sarebbe splendido se potesse venire anche lei. Mi scusi, se insisto», disse ansioso, «mi creda, questo è il più bel regalo che potrei farle».

Ero senza parole. Che fare? Accettare o rifiutare? Provai, in quel preciso istante, un senso di irrequietezza e al medesimo tempo di tenerezza, compassione, curiosità per quell'uomo. E, sùbito dopo, il piacere sottile dell'adulazione. Ero orgogliosa di me stessa. Mi sentii importante. Un invito, così come un incontro, quando, lì per lì, ci coglie di sorpresa, positivo o negativo che sia, è naturale che ci spaventi. La paura di cacciarsi in chissà quale trappola, frusta il nostro equilibrio, ma quel sì, quel gesto, strappato quasi inconsciamente con la forza, è anche vero che ci permette, a posteriori, di farci un'idea delle nostre sicurezze, fragilità. Di rado... essere il nostro soffio ispiratore; diventare corpo e contenuto di una medesima voce corale. Nostro pane. Vento che cancella le nostre più piccole o invisibili miserie. Sono queste certezze che ci concedono il diritto di poter affermare, qualche volta, che tutto è possibile finché in noi c'è forza morale per vedere e ascoltare. Ora però, non chiedetemi perché quella sera accettai il suo invito. Questo non lo so. Forse per tutte le ragioni che ho appena detto.

Passarono due settimane da quella telefonata. Il giorno prima del nostro incontro, risentii Mauro. Mi diede informazioni esatte circa gli orari, le partenze dei treni e dove incontrarci. Il treno arrivò puntuale in stazione a Brescia, alle due del pomeriggio. Come d'accordo, mi diressi verso l'uscita della stazione, al parcheggio dei taxi. La piazzetta era semideserta e lo vidi sùbito, vicino al marciapiede, appoggiato ad una vecchia 127 bianca. Sembrava agitato. La descrizione che mi aveva fatto di lui al telefono mi sembrò abbastanza fedele. Indossava un vestito estivo color grigio chiaro. Era magro, di statura normale. Il volto pallido e rugoso, con il naso lungo e diritto. Aveva occhi cerulei che mostravano ancóra una certa acutezza giovanile. I capelli corti e bianchi come neve.

«Lei è Mauro?» domandai, raggiungendolo con un sorriso.

«Sì, sono io» ribatté, lanciandomi un'occhiata stupìta. Mi tese la mano.

Ricambiò il mio sorriso e un po' intimidito, disse: «Io... ecco... non pensavo che lei fosse così giovane».

Aprì la portiera dell'auto e gentilmente aggiunse: «Si accomodi pure».

Durante il tragitto chiacchierammo del mio viaggio in treno, della mia famiglia ed infine mi confidò: «Ho dovuto raccontare una bugia per venire da lei».

«Quale?».

«Ho detto a mia figlia Nora e a mia moglie che andavo a prendere in stazione un'amica che non vedevamo più da tempo e con la quale avremmo festeggiato il compleanno».

Lo guardai divertita. Lui rise. Dopo circa quindici minuti fermò la macchina davanti ad una graziosa villetta a schiera. Entrammo. La casa era arredata con mobili classici, di gusto. Accompagnata da Mauro, feci il mio ingresso nella sala da pranzo. La stanza sembrava una serra: cestini e mazzi di rose rosse, bianche, rosa, erano ovunque.

«Le sue preferite» disse lui, facendomi notare che le erano state regalate, non solo dalla sua famiglia, ma anche da amici, come augurio di bentornata a casa. Nives e Nora stavano conversando sul divano. Nel vederci, si interruppero all'istante. Ci guardammo per un momento. Giusto il tempo di studiarci. Sua figlia era una donna non più giovane, ma ancora piacente. Nives, invece, aveva occhi chiari e luccicanti, leggermente infossati dalla sofferenza e dall'età. I tratti del volto erano sottili e delicati. Aveva lunghi capelli bianchi raccolti in uno chignon. Indossava un abito di seta blu, schiarito da un doppio filo di perle.

«Mauro, che cosa succede? ... Lei chi è?», chiese Nives con una lieve tensione, alzandosi dal divano. Mauro si schiarì la voce e amabilmente mi presentò.

«Santo cielo!» disse lei di botto, raggiungendoci. «Questa sì che è una bellissima sorpresa!».

Strinse le mie mani nelle sue. Fece un respiro profondo e sussurrò: «È stata davvero gentile a venire. È un grande onore, per noi».

Poi Nora, prendendomi gentilmente per un

braccio mi guidò verso la tavola da pranzo, seguìta dai suoi genitori. «Si accomodi» suggerì, indicando una sedia.

La tavola era semplice e festosa. Sorrisi alla vista della torta: un'opera d'arte, con al centro una candela a forma di cuore. Fu così, che posai sul tavolo una scatola grigia con un fiocco blu e dissi: «È per lei, Nives. Spero le piaccia». Sorpresa e un po' emozionata, scartò il dono.

«È un portagioie in argento!» esclamò. «Oh, no... non avrebbe dovuto. Grazie... è veramente bello!».

Dopo aver brindato e gustato la torta (una vera delizia!), Nives disse: «Ho tutto al mondo, dovrei essere felice: un buon marito, una discreta sicurezza economica, una figlia affettuosa, ma...».

All'improvviso si interruppe. Il volto si oscurò e i suoi occhi si riempirono di lacrime.

«Mi manca Silvio».

«Chi è?» domandai.

«Mio figlio» rispose. «Nacque nel '53, cinque anni dopo la nascita di Nora. Era un bambino tranquillo, dolce. Un angelo». Il tono della sua voce si fece sempre più disperato. «Morì di leucemia a soli tre anni».

Appena ebbe pronunciato queste parole, Mauro esclamò: «Dio mio, Nives! Ma cosa ti prende?...». Accarezzandole il volto, incalzò affettuoso: «Non credo che faccia bene a nessuno sentire questa storia. Oggi è la tua festa, dobbiamo essere allegri... ricordare cose buone, divertenti».

«Papà ha ragione», osservò Nora.

«Mi scusi», mormorò Nives «... è solo che... il mio umore in questo periodo non è dei migliori. Mi vengono in mente solo cose tristi». Avrei voluto dirle qualcosa, ma non mi riuscì di mettere insieme due parole. Profondamente addolorata, cercai di sviare il discorso, proponendole di raccontarmi l'incontro con suo marito. Fece un breve cenno con la testa. Mauro cinse le sue spalle e, sfiorandole la guancia con un rapido bacio, mormorò: «Te lo ricordi ancóra?».

Nives si costrinse a sorridere e quell'attimo di crisi passò.

«Abitavo a Milano, e quando la città, nell'agosto del 1943, venne sottoposta a massicci bombardamenti dalle forze alleate, dovetti sfollare con la mia famiglia. Lasciare quella città, a me tanto cara, mi rattristò parecchio. I miei genitori, originari di Chiari, vi si erano stabiliti con entusiasmo, prima che io nascessi. Partimmo salendo su un treno merci per Brescia e ci rifugiammo a Chiari, in casa dei nonni materni: Anita e Antonio. Dalla loro unione, erano nate Alessia, la maggiore, Luigia, detta Bigia, una cara zia esuberante alla quale ero particolarmente affezionata, e mia madre Emilia, l'ultima, chiamata Emi.

Mia nonna, madre esemplare, fu anche donna "simbolo" di onestà, generosità e di impeto gagliardo. Aveva guidato la famiglia e ne aveva amministrato i beni come un comandante. Tanto da meritarsi negli anni il nomignolo di "Garibaldina" da mio nonno Antonio. Appellativo che sembrava gradire e che ironicamente giustificava, ribadendo che ci doveva pur essere qualcuno in famiglia che tenesse le redini.

Poi, rivolgendo uno sguardo affettuoso al nonno, aggiungeva: "Ma...". E, quel "ma", rimaneva lì, sospeso in aria per qualche minuto; giusto il tempo di richiamare l'attenzione dei presenti su quanto stava per dire. Infine, con quel "ma" ripetuto con più forza, concludeva affettuosamente che senza il lavoro e l'amore di quell'uomo non avrebbe mai potuto sfamare tante bocche e affrontare con spirito giusto le prove più dure.

Sorseggiò un po' d'acqua ed io ne approfittai per chiederle: «Suo nonno che lavoro faceva?».

«Il fabbro» rispose. «Aveva una fervida fantasia. Con la testa e le mani sapeva creare cancelli, inferriate, letti di notevole pregio artistico. Di lui, ricordo l'ottimismo, il sorriso sempre sulle labbra, il tono caldo della sua voce. Aveva il dono di saper scacciare dal cuore la tristezza. Trasferirti la sua positività.

Inoltre, aveva una spiegazione per ogni cosa. Soleva spesso dire: "Solo alla morte non c'è rimedio".

E questo motto divenne nostro. Ci convinse che rischiare era un'opportunità per scacciare l'incubo di quegli anni. Anni di inferno... di miseria... di tanta fame». La paura di rivivere di nuovo quella guerra terribile, con l'orrore che allora aveva provocato, la fece rabbrividire.

«Pensi...» disse, «il pane bisognava comprarlo con la tessera annonaria: un cartoncino grigio che recava il nome e il numero di matricola del cittadino».

«In che misura veniva razionato il pane, nelle famiglie?» domandai.

«Nel '42 era di 200 grammi, nel '43 di 150 grammi». Fece un lungo sospiro e proseguì: «E pensare che oggi c'è gente che butta via la mollica del pane».

Rifletté un momento.

«Be'... forse sarò giudicata male, ma in alcuni momenti penso proprio che qualcuno avrebbe bisogno di un po' di fame».

Annuii, dicendo che tale gesto non era solo uno spreco di malsana educazione, ma, soprattutto, un insolente schiaffo alla povertà.

Nives mi tributò uno sguardo condiscendente e continuò: «A novembre la zia Bigia venne a trovarci. Eravamo tutti molto contenti di vederla. La sua sicurezza e la sua allegria, riscaldavano i nostri cuori. Era alta, di corporatura robusta, le guance colorite della gente sana che vive in campagna. Aveva un bambino di dieci anni: si chiamava Camillo. Un ragazzo un po' solitario. Suo padre, richiamato alle armi, lo lasciò solo in tenera età. Una sofferenza che forse ha contribuito ad isolarlo. La sua passione erano gli animali. Ripeteva sempre che un giorno sarebbe diventato sicuramente un bravo veterinario e sua madre spronava questo suo sogno, dicendo che qualsiasi lavoro avesse fatto era sempre meglio che lavorare la terra.

"Tanta fatica e poche palanche!" esclamava.

Ancóra oggi, mi chiedo come abbia fatto da sola, con un bambino piccolo, a mandare avanti una fattoria, poiché suo marito non fece più ritorno. Morì prigioniero in Russia. L'ho sempre ammirata per questo, come tutti del resto. Dunque, ritornando a quel giorno, la zia ci disse che a fine mese avrebbe ammazzato il maiale e sarebbe stato un piacere darne un po' anche a noi. Inoltre, preoccupata per l'imminente parto della mamma, aggiunse che sua sorella, più di tutti, per ristabilirsi e nutrire quella nuova vita, ne avrebbe avuto bisogno perché in essa vi erano presenti un alto contenuto di minerali e vitamine.

I bombardamenti non permettevano di spostarsi da un posto all'altro con estrema facilità ma poiché bisognava fare i conti con la fame, rischiare diventava una necessità.

Mio padre rifletté un momento, poi decise di portarmi con sé. Come stabilito partimmo all'alba, ognuno con la propria bicicletta, pedalando l'una di fianco all'altro. Faceva freddo, ma la mamma ci aveva coperto bene.

Nelle strade c'era odore di morte e nei nostri cuori tristi, il presentimento di un possibile agguato rese interminabili quei sette chilometri che separano Chiari da Rovato.

In silenzio, pensai che la vita era come una nuvola impalpabile, leggera e passeggera, poteva cadere su di te sotto forma di pioggia, potevi vederla sotto forme strane, sentirla quando ti passava accanto, magari procurarti un brivido se il vento la portava via, ma non avresti mai potuto afferrarla veramente, perché lei a volte è offuscamento, altre, semplicemente fantasia.

Quando arrivammo, la zia, Camillo e la famiglia di suo marito ci fecero una grande festa. Dissero che il maiale era stato macellato di notte, tre giorni prima e quella mattina stavano lavorando la carne per fare le salsicce».

«Perché di notte?» le domandai incuriosita.

«I contadini dovevano denunciare i loro prodotti allo Stato, consegnarli all'ammasso» rispose. «Era un reato grave se ti coglievano in flagrante. La multa era salatissima. Ecco perché tutti, in quel periodo agivano in totale segretezza».

Fece un lungo respiro ed esclamò: «Quanti bei momenti ci furono rubati! In casa della zia provai un grande dispiacere, pensando alle nostre famiglie disperse e con grande rammarico rimpiansi il tempo passato, quando riuniti festeggiavamo davanti al camino, con la carne del maiale che arrostiva sulla brace. Mangiare non aveva solo il significato di nutrirsi.

Aveva un valore magico: ritrovarsi.

Era una festa. Un rito. Rafforzava legami all'interno dei nostri gruppi familiari. Nei due giorni che rimanemmo a Rovato, mio padre aiutò la zia a riparare una staccionata e una ruota del suo biròccio, mentre io l'aiutai nelle faccende domestiche.

Il giorno della nostra partenza ci alzammo presto, forse le sette. Senza far rumore, entrammo nella camera dove Camillo dormiva profondamente e lo baciammo sulla fronte. La zia ci preparò due tazze di latte caldo, dopodiché scese in cantina. Prese ciò che ci aveva promesso, in occasione della sua visita a Chiari e ritornò da noi, aiutandoci a nascondere il lardo sotto le selle delle biciclette. Avvolse intorno alla mia vita le salsicce ed entrambe legammo attorno al torace di mio padre alcune braciole.

Dopo aver camuffato i nostri corpi con maglioni larghi e spessi, ci salutammo, augurandoci «buona fortuna».

Il suo sguardo ci seguì, finché imboccammo

una stradina sulla nostra destra. Percorremmo lentamente e con fare circospetto il sentiero che conduceva alla strada.

Tutt'intorno c'era un silenzio impietoso.

Sul selciato risuonava solo il rumore delle ruote delle nostre biciclette. Avevamo già fatto metà strada, quando in lontananza sbucò da una curva un camion che procedeva verso di noi. Improvvisamente, il rombo assordante di un aereo lacerò quel silenzio.

«Presto, presto... buttati lì» gridò mio padre, indicando un fosso che fiancheggiava la strada. Gettammo a terra le biciclette e ci saltammo dentro. Accovacciati e nascosti sotto le braccia di un grande albero che ci faceva da scudo, i nostri corpi si allacciarono uno contro l'altro.

Immobili come sassi.

Inorriditi e incapaci di emettere qualsiasi suono, persino il respiro. Subitamente l'aereo venne giù in picchiata mitragliando. Ero di ghiaccio, quando colpì l'albero e un suo ramo cadde su di noi. Memori del fatto che solitamente gli aerei dopo aver fatto il loro giro ripassavano ancóra, approfittammo di quel breve lasso di tempo per scappare.

Di fronte a noi, al confine del campo, c'era una cascina. Con lo sguardo, ora rivolto al cielo, ora davanti a noi, attraversammo il campo, in cerca di protezione. Correvo, tremavo e battevo i denti. Ci fu un momento che persi persino una scarpa. Sarei ritornata indietro, se la voce disperata di mio padre non mi avesse urlato: "Dài! Corri.... corri più che puoi. Ci penseremo dopo a riprenderla. Coraggio! Siamo quasi arrivati... ancóra un piccolo sforzo".

Temevo proprio di non farcela. Avevo il cuore in gola. Una famiglia che viveva in quella cascina, richiamata dalle nostre urla, si precipitò verso di noi. Sorreggendoci, ci trascinarono dentro la loro casa.

Intanto, il ruggito feroce di quell'aereo solcò nuovamente il cielo. Virò in discesa e bucò l'aria rarefatta con una tempesta di proiettili, ma noi, oramai, eravamo al sicuro.

Ecco, fu quel giorno che conobbi Mauro e la sua famiglia. Ci fecero sedere intorno a un piccolo tavolo di legno e ci offrirono una tazza di caffè d'orzo. Alla destra mi sedeva accanto mio padre, alla sinistra sua madre: una donna minuta e taciturna, con l'aria severa come i vestiti scuri che indossava. Negli anni, conoscendola, mi sarei resa conto che era solo apparenza. Aveva un'anima gentile.

Di fronte, sedeva Mauro e vicino a lui suo padre: alto e robusto, con una voce autoritaria e tonante».

Impaziente di sapere cosa avesse pensato lei di Mauro, le domandai: «Ma suo marito che impressione le fece?».

«Buona. Anzi... direi ottima», sussurrò, arrossendo leggermente. Poi continuò: «Mi colpirono i suoi occhi: parlavano, ti scavavano dentro».

«Ah, sì?» puntualizzò Mauro, e nei suoi occhi apparve un misto di ironia e di furbizia. «Non me l'avevi mai detto!» disse sottovoce.

Sorridemmo tutti.

«Un detto dice che non basta una vita per conoscere una persona», intervenne Nora stuzzicandolo. «Forse è stato proprio questo, il segreto che ha fatto durare a lungo la vostra unione. Non vi siete mai del tutto svelati». Mauro, premuroso e innamorato, non le toglieva gli occhi di dosso.

«Dài! dài! Continua pure a raccontare» disse lui, sempre più incuriosito.

«Cosa diresti...» disse lei, guardandolo con aria maliziosa, «se ti dicessi di farlo tu. Sapresti farlo?».

«Ma certo!» rispose soddisfatto. «Quel giorno sospettai sùbito che sotto ai vostri giacconi nascondevate qualcosa, perché non ve li toglieste mai, ma a me interessava altro».

«Ah sì?» disse Nives maliziosamente, lanciandogli uno sguardo.

Lui rimase al gioco e ribatté: «Anche se non potei vedere le tue forme, le immaginai». Ridemmo tutti.

Mauro riprese: «Mi conquistò sùbito. Infatti, cercai attraverso gli sguardi di dialogare con lei».

«Ricordo» disse lei, interrompendolo. «Eccome se ricordo! Ero così imbarazzata. Tant'è vero che mio padre se ne accorse e con la scarpa mi toccò un piede». Poi rivolgendomi un sorriso, sussurrò dolcemente: «Non riuscivo a distogliere i miei occhi dai suoi... erano come una calamita».

«Come avete fatto a frequentarvi?», domandai ad entrambi.

«Era destino!» esclamò Mauro. Poi proseguì: «Quella mattina, durante la conversazione, il padre disse che sua moglie avrebbe partorito un altro figlio. Due settimane dopo, impaziente di vederla, andai a trovarla.

La madre aveva dato alla luce Alessio: un bel bambino biondo. Da quel momento ogni occasione era buona per incontrarci. La corteggiai in modo spudorato. L'amavo di un amore assoluto e lei mi si concesse l'anno successivo su un tappeto di margherite. Lo stesso di quando con lei, nelle belle giornate, andavamo a fare un pic-nic».

«E fu sùbito passione?» gli domandai interrompendolo con tono vivace.

«Sùbito» precisò. «Quando la guerra finì, lei ritornò a Milano con la sua famiglia. Fu allora che decisi di chiederla in sposa. Ci sposammo nel novembre del '45».

Nora mi versò ancóra un po' di spumante ed io guardai l'orologio: «Dio com'è tardi!» esclamai, «Mi rincresce dover andare via... Sono stata molto bene con voi, ma fra quaranta minuti ho il treno».

Mauro si alzò di scatto, un po' vacillando e disse: «L'accompagno. Vado a prendere le chiavi della macchina».

«Mi verrà ancóra a trovare?» chiese Nives con una certa apprensione, salutandomi sulla porta.

«Certamente!» risposi sorridendole.

Infine disse: «Se sapesse, quante volte ho pensato di scrivere le sensazioni, i momenti che ho vissuto... Un po' per pigrizia, un po' perché mi manca la vena poetica, non l'ho mai fatto. Un giorno, forse, potrebbe farlo lei per me».

«Perché no? È un'idea che potrei anche considerare», risposi sorridendole.

«Da questo incontro, sono sicura che verrà qualcosa di buono», osservò Nora entusiasta.

Poiché avevo fretta, non colsi in quel momento il significato di quella frase. Oggi, ricordandola, mi rendo conto della sua importanza.

In macchina dissi a Mauro che la storia del loro incontro mi aveva profondamente coinvolto. Rispose che sarebbe stata una bella storia d'amore... ma aveva un piccolo neo.

«Quale?» domandai esterrefatta.

«Me».

«Un momento! Perché dice questo?».

«Avrei dovuto darle di più».

«Non capisco... A cosa si riferisce?».

«Per un breve periodo le ho mancato di rispetto. L'ho tradita. È successo anni fa. Edonismo, paura di non essere protagonista, dolore e...». Si interruppe, cercando la parola giusta. Ero sorpresa.

Perché, quell'uomo mi stava confessando il suo tradimento... Perché proprio a me? Lo conoscevo appena, pensai. Esitai un momento prima di rispondere.

«Non sia così severo con se stesso. Cosa crede, che sia l'unico ad avere una colpa da espiare? Guardi che è umano!».

«Lei ha ragione, ma questo è solo un mio problema. Sa quante notti non dormo, pensando al male che le ho arrecato?».

«Perché, sua moglie lo sa?».

«Chissà... un sospetto, forse, l'ha avuto. Anzi, direi di sì. Un giorno mi chiese se avessi una donna. Ma questo ha una importanza relativa. È la mia coscienza che sa. Una volta riuscivo a non pensarci. Ho fatto il possibile per migliorare il mio rapporto con lei. Credevo che bastasse. Ora invece quella bestia si risveglia... Corrode dentro e infetta tutto, anche quello che è sano. Tranne al prete, non ho mai confessato a nessun'altro questo mio segreto. Ora invece lo faccio con lei. Forse perché mi aspetto un giudizio più terreno».

«Se ne è ravveduto... e ha sofferto, questo infine conta. Non le pare?».

«E no, mia cara signora, non è così semplice. Non si può barare con chi ti ricorda le tue vergogne. Gli errori si pagano. Nel tempo ci fanno perdere di potere».

«Tutti sbagliamo, facciamo cose proibite, indecorose, ma non per questo non possiamo comprenderle, perdonarci».

«Non vorrei disilluderla: ci sarà sempre un "ma", un "però", un "forse" di troppo, che rovinerà le tue azioni anche buone, passate e presenti. Mi creda, queste tre parole negli ultimi tempi mi sono diventate scomode e insolenti».

Annientata, non dissi più nulla. Quando ci lasciammo, quel senso di disagio che avevo avvertito un attimo prima crebbe sempre più. Mi irritava. Non accettavo che un uomo potesse vivere pensando di avere sempre una spada di Damocle sul collo. Troppi moralismi, troppe leggi! Invidiavo gli stolti. La mia religione dice che la nostra vita è voluta da Dio. «Qual è il prezzo...» pensai fra me e me, «che dobbiamo pagare a quel padre padrone, per giunta fantasma; se un atto di fede non basta a saldarne un debito. Nessuno è mai tornato da lassù per dirci una buona volta, come stanno davvero le cose.

Qual è dunque, il nostro scopo?». Avevo bisogno di ulteriori risposte. «È un pensiero blasfemo. Blasfema!» una voce dentro sogghignò, quando il fischio del treno mi destò. Ritornai a casa pensando che forse quelle due persone mi avrebbero condotta ad una risposta serena.

Quando rincasai, l'orologio segnava un quarto alle dieci. Trovai mio marito sul divano che guardava la TV.

«Le bambine?», domandai.

«Sono a letto» rispose tranquillo, accennando un breve sorriso.

Poi incalzò: «Com'è andata?».

«Bene» risposi in modo laconico. Mi sedetti accanto a lui. Appoggiai la testa sulle sue spalle e sussurrai: «Abbracciami, stringimi forte». «Cos'hai?» disse, intuendo il mio stato d'animo.

«È stato un incontro molto interessante, forse troppo. Mi ha stordito. Buttata tutta sottosopra. Non faccio altro che pensare».

«Cosa?» domandò curioso.

«Che è bello tornare a casa, rivedere te, sapere di avere due bambine che fra poco, quando andrò a letto, bacerò e accarezzerò. Non trovi?».

«Fantastico! È per questo che ci siamo sposati».

Poi a bruciapelo gli domandai: «Sei felice con me?».

«Ma certo» ribatté stupefatto.

«Non credi che siamo diventati un po' tutti

egoisti, quando non prendiamo sul serio la responsabilità della famiglia o quando diciamo che il matrimonio è un'istituzione ipocrita?».

«Sì, è vero, ma con questo discorso dove vuoi andare a parare?».

«Immaginiamo che, all'improvviso, un giorno ti innamorassi di un'altra donna».

Mi interruppe sùbito. «Il discorso vale anche per te. Continua».

«Be', sarebbe un peccato se un giorno tra di noi la parola "sempre" venisse all'improvviso sostituita con la parola "mai più"».

Mi guardò con aria ironica.

«Sei sicura di sentirti bene?».

Risi.

«Comunque stai tranquilla» ammonì. «Noi staremo sempre insieme». Rimanemmo in silenzio per un breve istante. Stavo per addormentarmi, quando lui disse di andare a letto. «Sei troppo stanca. Hai bisogno di dormirci su. Domani vedrai senz'altro le cose in modo diverso». Come aveva ragione! L'indomani, svegliata da un suo bacio, mi sentii un'altra persona e ritrovai la voglia di raccontare.

Nei mesi successivi, fui molto occupata con la mia famiglia, quindi non andai a trovare Nives. Le telefonai. Questo sì: un paio di volte. Ricordo com'ero piena di gioia, quando in quelle due occasioni lei manifestò il desiderio di rivedermi. Ci incontrammo verso la metà di dicembre a casa sua. Quella volta sole. Nora e suo marito erano fuori a fare compere natalizie. Mi spiegò che avevano deciso di celebrare quel Natale in modo diverso dagli altri anni.

«Faremo un grande albero, ricco di luci e di pacchetti colorati. In ognuno di questi, ciascuno metterà il suo dono: un libro, un CD, una frase che noi abbiamo amato particolarmente nella nostra vita. Insomma uno scambio di affettuose memorie e, perché no, un viaggio che avremmo voluto realizzare, ma che non abbiamo potuto fare». Infine, con voce pacata concluse: «Ecco, così, vorrei vivere la festa più grande dell'anno... con un pizzico di magia in più».

La voce si fece leggermente seria: «Prima di svanire per sempre». Ebbi come un sussulto: «Nives..., cosa dice?».

«No, non dica niente» disse, interrompendomi con riguardo e incalzò: «Su'...non prendiamoci in giro. Lei è una donna intelligente. Sa perfettamente come stanno le cose. Per quanto tempo, sinceramente, pensa che potrei vivere? ... Sei mesi? ... Un anno? Il tempo è tiranno e il mio tempo sta per scadere. Che io sappia, raramente ha concesso proroghe quando giunge la nostra ora. Sa cosa le dico... in tutta franchezza? Sono pronta. Non ho paura». Sorrise.

«Non trova che sia curiosa... la vita?», osservò Nives stringendosi nelle spalle e continuò: «Un bel giorno scopri di esserti attaccata in modo quasi febbrile a qualcosa che in realtà non ti è mai appartenuta veramente, ma di cui ti sei sentita legittima padrona».

Rifletté per un breve istante e il suo volto si trasformò in un tenero sorriso: «Sono contenta che mi sia stata concessa un'occasione per poterla vivere. Ho avuto il piacere di ricongiungermi a lei, nel volto dei miei figli e di mio marito tutte le volte che l'ho desiderato e potuto chiuderli nel mio cuore, con un caldo abbraccio o con un soffice bacio. Tutto sommato ho fatto un bel viaggio! Penso che le devo molto. Non le pare? Posso dire di non aver vissuto invano e qualche volta ho saputo coglierne gli attimi».

Convenni con lei. Avrei voluto dire anch'io qualcosa, ma capii che non c'era niente da dire. Ero affascinata dalla sua dolcezza e dalla sua forza.

«Le va una tazza di caffè?» propose.

«Volentieri, grazie» risposi. Si alzò e andò in cucina, mentre io lasciai scorrere lentamente gli occhi nella stanza. Le pareti erano coperte di quadri. Mi soffermai a contemplarli. Tranne una natura morta, tutti gli altri, di Cascella, raffiguravano paesaggi splendidi. In fondo alla stanza, in una vetrina, erano sistemate le porcellane e sulla credenza di fronte al tavolo da pranzo c'erano le foto di famiglia. Innumerevoli.

«Quanti bei ricordi!» esclamai, indicando quelle foto a Nives, quando ritornò con il caffè su un vassoio d'argento. Mi lanciò una rapida occhiata e confermò. Appoggiò il vassoio sul tavolo e sedette di fronte a me.

«Quanto zucchero?» domandò.

«Uno, grazie».

Bevemmo tranquille, gustando quel momento. L'aroma si diffondeva piacevolmente nella sala. Tutte e due, di tanto in tanto, accennavamo un sorriso.

Dopo un po', Nives mi fissò e a voce bassa, domandò timidamente: «È sempre interessata ad ascoltare il seguito della storia?», alludendo naturalmente all'incontro con suo marito.

«Ma certamente» dissi, regalandole un largo sorriso.

Soddisfatta, rifletté un attimo e parlò: «Con Mauro, una volta sposati, andammo a vivere a Chiari nella casa dei miei nonni materni».
«Perché?».

«Per due motivi. Il primo: partì da una loro proposta, quando un giorno d'autunno del 1945, li rincontrai dopo la guerra, per annunciare il nostro matrimonio. Finché vivo, nulla potrà mai cancellare dalla mia memoria l'immagine di quell'incontro quando ci abbracciammo. Fu un momento toccante.

"Avete già un'idea di dove andare ad abitare?", chiese quel giorno mia nonna. "No" rispondemmo. Allora lei suggerì: "La nostra casa è grande abbastanza per ospitare anche voi. Se un domani il buon Dio vorrà concedervi un figlio, niente potrà impedirvi di mettere su casa con i risparmi dell'affitto". Tutti avevamo subìto perdite durissime. Essere sopravvissuti ad una guerra era un miracolo. Per risollevarci e rinascere avevamo bisogno l'una dell'amore dell'altro. Ci mancava tutto, ma avevamo la nostra vita. Ecco, da cosa nasce la frase: "Tutti, allora, si aiutavano". E se negli anni riuscimmo a mettere da parte un bel po' di soldi lo dobbiamo ai nonni. Il loro aiuto fu prezioso. Non avremmo mai potuto acquistare questa casa, dopo la nascita di Silvio. Il secondo: mio marito insegnava nella scuola elementare di quel paese. Se sapesse quanto ha amato il suo lavoro! "I bambini bisogna trattarli bene. Amarli", diceva con orgoglio. "Essi sono una sorgente per il nostro spirito"».

«E lei lavorava?».

«Sì. Sùbito dopo il matrimonio, trovai lavoro come segretaria nell'ufficio amministrativo del Comune. Finché non abbiamo avuto bambini, il nostro lavoro ci permise di godere appieno della nostra compagnia. Potevamo fare l'amore con tranquillità, ogni volta che lo desideravamo. Eppoi leggevamo, discutevamo, andavamo al cinema, facevamo lunghe passeggiate in campagna. Innamorati e desiderosi di conoscerci».

Si alzò per prendere una bottiglia d'acqua. Tornò con due bicchieri. Versò l'acqua e bevemmo. Poi raccontò la cosa più divertente che io avessi mai sentito e che ancóra oggi, nel ricordarla, provoca in me una certa ilarità.

«L'anno dopo, in primavera, rimasi incinta. Mauro, appena ebbe la notizia, dalla gioia andò a suonare le campane del paese. Può immaginare con quali conseguenze. Allora, tutto era rigorosamente controllato. Quel gesto non fu compreso dalla comunità, anzi fu visto come un segno di pazzia. Mio marito, che fino a quel momento era rispettato come uomo e insegnante, tutto ad un tratto fu schernito. Perdette di credibilità. Si mobilitarono in molti, affinché venisse espulso dalla scuola. Lo salvò il parroco, da poco trasferitosi nella nostra parrocchia. Parlò al direttore della scuola. Non si seppe mai cosa si dissero. Di certo le ragioni dovettero essere valide, molto convincenti, perché la lettera al provveditore non fu mai inoltrata. A quel tempo il parroco era una figura importante per l'intera comunità. Ironia della sorte, era lo stesso a cui, da bambino, lui aveva servito Messa. Finalmente, con la nascita di Nora su quella faccenda fu messa una pietra».

Ridemmo entrambe.

Poi lei continuò e la sua voce divenne seria: «Qualche giorno prima del battesimo, morì mio nonno Antonio ed io provai un dolore forte, intenso. Il primo».

«Cos'ha amato, più di tutto, in lui?».

«L'idea del perdono».

«Cioè?».

«Era convinto che se volevi stare bene con te stesso e con gli altri, dovevi perdonare i torti subìti... le offese del tuo nemico, anzi, trattarlo meglio. A volte c'era più capacità di redenzione in un nemico che in altri apparentemente accomodanti. E stringendomi forte al suo petto, concludeva: "È vero che gli uomini trovano sempre un pretesto, una scintilla per uccidere, distruggere, torturare e ne provano gusto, ma sono anche capaci di tanta commozione, di grandi slanci di umanità; poiché il bisogno di amare ed essere amati è più forte della vendetta o dell'odio. Non aver paura di guidare il cuore alla tua mente". Se sapesse quante volte le sue parole mi hanno aiutato! Soprattutto dopo la morte di Silvio».

Smise un attimo di parlare e dai suoi occhi prese corpo una lacrima. E come una goccia di rugiada al mattino, solcò il suo volto.

Si riprese e lamentò: «Fu la sventura più grossa che ci fosse capitata. Rabbiosi, la sentivamo come una punizione».

«No, non dica questo. Non si torturi così... Eppoi punizione di cosa?».

«Non saprei spiegarlo, ma da quel giorno io e mio marito diventammo due estranei. Quel dolore ci divise. Amputò crudelmente il nostro cuore e noi soffrimmo ciascuno per conto proprio, benché fingessimo il contrario con la gente. Successivamente interrompemmo anche i nostri rapporti sessuali. Anzi, devo essere onesta... fui io a rifiutarli. Non eravamo più sintonizzati sulle stesse esigenze fisiche o sui nostri desideri. Io desideravo solo coccole e tenerezza. Lui cercava solo l'atto sessuale. Una necessità come mangiare, dormire, bere. Guai se mancava! Era il suo "chiodo fisso". "Sesso... solo sesso, ecco da che cosa è retta la nostra unione", gli urlavo, quando lui tentava di abbracciarmi. Da lì partirono i nostri litigi. Ogni pretesto era buono per aggredirci con furia».

«Perché rifiutava il sesso in modo così radicale?» domandai con discrezione.

«Li vedevo come atti peccaminosi, sporchi. Ero disgustata dall'idea che tante coppie si sfruttassero, si accanissero come bestie selvagge per raggiungere un orgasmo. In pratica, riconoscevo come sommo bene solo l'amore dei genitori verso i figli». E sùbito dopo osservò: «Anche qui le eccezioni, naturalmente, ci sono».

«Già» ammisi. Poi, con un leggero imbarazzo, le domandai ciò che da un po' mi premeva chiederle: «Ma lei, amava Mauro?».

Spalancò gli occhi stupìta: «Dio, se l'amavo! Avrei dato, se fosse stato necessario, la mia vita per lui. Purtroppo la disperazione mi aveva portato alla follia ed io seppellii meschinamente il nostro amore. Cadde come pietra nell'oscurità in cui mi ero immersa. Fortunatamente fu solo un capitolo della nostra vita».

Commossa mi guardò accennando un breve sorriso: «L'amore però, se è tale, vive silenzioso, paziente e devoto. Nobile, conosce segreti che molti ignorano. Solo lui sa, quando e come far ripartire il suo respiro. Miracolo di rinascita. Arriva e lo riconosci. Rivoluzione sublime! In un attimo scioglie cuori gelati e induriti. Indurito come il mio. Lo riconobbi. Arrivò all'improvviso e fu come una liberazione da un incubo, poiché... ahimè!, scoprii per puro caso che mio marito mi tradiva» disse tristemente.

Era una verità che conoscevo, ma mostrandomi sorpresa le dissi: «Non ci posso credere! Come l'ha scoperto?».

Seria raccontò: «Un anno era trascorso da quel tragico evento, quando una mattina di primavera mi svegliai invasa da un profondo e dolce senso di benessere. Come ormai da tempo non mi accadeva più. Rinvigorita, finalmente, da una sensazione di accordo e armonia con le cose che mi circondavano, quel giorno ebbi una gran voglia di fare! Aprii le finestre con l'intenzione di cambiare aria alla casa e vidi il cielo: azzurro e sereno. Poi decisi di riordinare gli armadi per il cambio di stagione. E da lì l'amara scoperta. Nella tasca di una sua giacca, trovai un biglietto sul quale c'era scritto: "Ci vediamo da me alla stessa ora. Un bacio. Lidia". Lidia!... Quel nome mi ricordò una sua collega, che si era trasferita nel nostro paese da circa sei mesi. Una giovane donna esuberante. Senza tabù. Per qualcuno un bocconcino appetibile. La loro relazione, pensai, era forse appena iniziata. Riflettei ancóra. Era un sospetto, non una conferma. Non si può condannare su semplici illazioni. Avevo bisogno di prove, così mi ripromisi di non dire nulla a lui. Avrei sicuramente peggiorato le cose. Eppoi non volevo perderlo. Un pomeriggio decisi di seguirlo. Lei abitava a due isolati dal nostro, dunque mio marito non avrebbe preso la macchina. Questo rendeva le cose più facili. Quando lei gli aprì la porta e lo vidi entrare in casa sua, ebbi la certezza.

Umiliata, provai rabbia e gelosia.

La rabbia poi si trasformò in tristezza. La tristezza in pietà. Pietà di me stessa. Giustificazione per lui. La colpa era solo mia. Io lo avevo spinto tra le sue braccia. Avevo commesso, senza rendermene conto, un grande sbaglio. Avevo maledettamente bisogno del suo aiuto per rinascere, per amare ancóra.

Quindi decisi di perdonarlo. Lo feci. Fortificata dal mio amore per lui, mi misi in piedi. Intanto cercai di capire come potesse essere recuperato il nostro matrimonio. Era giunto il momento di parlare, di rimuovere il nostro dolore.

Anche lui aveva sofferto.

Quando si è concentrati sul proprio dolore, molto spesso non si vede quello degli altri.

Così una sera, prima di addormentarci, gli toccai una spalla e dissi: "Mauro, ho sbagliato. Puoi perdonarmi? Se tu mi ami ancóra, come io amo te, forse la nostra storia può essere salvata".

Abbozzò un sorriso! "Ho sbagliato anch'io e ti chiedo scusa". Mi passò teneramente la mano sui capelli, chiudendomi la bocca con un bacio e sussurrò: ti amo. Più tardi con l'animo più sereno facemmo l'amore. Da allora sempre. Fu un momento di assoluta felicità».

«Sono d'accordo con lei, quando dice, che solo perdonando ci riscattiamo; ma un tradimento è una cosa seria. Qualche volta non le è sfiorata l'idea di rinfacciarglielo?» chiesi.

«Mai» rispose. «Anch'io temevo di non poterlo più stimare, e qualche volta l'ho pensato, ma il mio amore per l'amore ha sempre vinto. Qualunque cosa ci accada, se lui è con noi, ci fa sentire vivi.

Viva, chiudevo gli occhi, lasciandomi andare alle emozioni e improvvisamente nella mia mente scorrevano le immagini a me care: il primo incontro, il primo bacio, il primo giorno in cui facemmo l'amore, le giornate felici e piene, passate con i nostri figli e ancora tanti piccoli miracoli fatti di gesti, di incomprensioni, di dolore e di parole a volte insignificanti, ma anch'essi preziosi. Fonti inesauribili di profonda complicità, di maturità, di vita vera.

Quella vita che non sia sedimento di se stessa, ma che navigando in quel flusso continuo dei sentimenti sappia indicare la corrente per risalire in superficie: là dove sorge la luce. L'unica realtà al di fuori di qualsiasi illusione».

«Nives, lei ha detto che il suo amore per Mauro era totale, ma suo marito cosa pensa abbia provato per lei, dopo la riconciliazione?» Rifletté un attimo: «Mio marito ha sempre avuto una grande attrazione sessuale nei miei confronti. Direi: solo sesso e...».

«E cosa?».

«Forse amore».

«Forse?».

«Già... Entrare nell'anima di un'altra persona è come navigare nell'infinito. Il punto però non è questo. Quando si ama veramente, ami senza baratti».

Finito il suo racconto, Nives si strinse nelle spalle e osservò: «Trovare una persona che ci ama è sempre, comunque una grande ricchezza. Amare senza essere amati può essere una sfortuna, se non abbiamo maturato l'idea che la persona amata potrebbe non essere pronta o addirittura non accettare quanto le offriamo. Nora, purtroppo, in passato non ha avuto questa fortuna».

«Perché?» domandai incuriosita.

«Aveva ventisei anni quando si sposò. Suo marito, allora, ricopriva un incarico molto importante per una società commerciale italiana che aveva una sede anche in Spagna. E poiché lui aveva grandi capacità manageriali, in seguito, fu trasferito in quest'ultima. Si vedevano solo il fine settimana. Un giorno però, mia figlia felice di poter festeggiare il quinto anniversario del suo matrimonio, decise di fargli una sorpresa. Andò in Spagna. Fu la fine. Quando arrivò, scoprì che suo marito si trovava in ospedale. La donna con cui conviveva nei giorni che non era con lei, gli stava dando un figlio. Fu scioccante. Lei ritornò a casa e dopo qualche mese si separarono».

«Mi scusi, ma lui, come si giustificò?».

«Disse che le amava entrambe».

Allibita, incalzai: «Adesso Nora ha qualcuno?».

Mi fece un sorriso: «Sì, un uomo sensibile e affettuoso. Però lei non ha nessuna intenzione per il momento né di convivere né di sposarsi. Una volta ho provato a dirle che la vita concede a tutti una seconda possibilità, ma la sua risposta è stata: "Sto bene così". Allora io non insisto, rispetto la sua scelta. Lei deve esserne convinta. Noi genitori possiamo solo consigliare i nostri figli, continuando ad amarli e rispettarli».

Nives aveva appena concluso il suo racconto quando Nora e Mauro rientrarono. Mi salutarono entrambi con affetto.

Poi, il marito disse: «Temevamo che fosse andata via. Ci sarebbe dispiaciuto non poterla salutare».

Nora tirò fuori da una borsa due pacchetti e me li mise nelle mani.

«Porti questi doni alle sue bambine, con i nostri migliori auguri di Buon Natale e felice Anno Nuovo», disse con allegria.

Li ringraziai. Chiacchierammo ancóra un po', e andai via, portandomi dentro l'atmosfera calda e serena che avevo respirato nella loro casa.

Sei mesi più tardi, Nora mi telefonò. «Mamma e papà non ci sono più» disse, con voce affranta.

«Non ci sono più?» ripetei, «non capisco... Li ho sentiti il mese scorso, mi hanno detto che stavano bene».

Respirò a fondo e spiegò: «Una settimana fa, alle cinque del pomeriggio, mia madre è morta. Le sue condizioni di salute erano peggiorate drammaticamente negli ultimi tempi. Ormai il suo fisico non riceveva più nessuna cura. Il giorno in cui se ne è andata, mio padre le ha baciato il volto, l'ha stretta forte sul suo petto ed è andato a casa. Impietrito, senza dire una parola, senza versare una lacrima. Poche ore dopo quando rientrai, lo vidi seduto sul divano. Aveva gli occhi fissi nel vuoto. Non aveva retto al dolore. È stato terribile».

Ero sbigottita e un nodo alla gola mi impedì di parlare.

«Pronto... pronto!», ripeté Nora.

«Sì» risposi. E poiché non mi riuscì di dire altro, la salutai. Qualche giorno dopo, ripensando all'ultimo incontro con Nives, mi vennero in mente queste sue parole: "Solo sesso e ... forse amore". Sorrisi. Scrollai il capo e dissi, fra me e me: «No, Nives, a tenere vivo il vostro rapporto di coppia non è stato solo il piacere sessuale, anche se necessario e naturale, ma soprattutto l'amore.

Amore autentico.

Ognuno di voi, a vostra insaputa, ha concesso qualcosa di sé all'altro, ha resistito al sapore dell'amarezza, all'ira della solitudine... all'insaziabilità dei piaceri. Ha difeso una promessa, con coraggio e coerenza, seminando giardini rigogliosi.

Sì, l'amore, vi ha riscattato, dandovi regale dignità, sublime libertà. E a me, testimone della vostra storia, ha indicato la via per essere migliore».

Commossa pensai che la vera solitudine umana nasce quando non si ha la consapevolezza di vivere un giorno come fosse l'ultimo.

«Non vedrò più i vostri volti, non sentirò più le vostre voci, almeno, non in modo tangibile, ma avrò sempre l'impressione di avervi con me.

Addio Mauro... addio Nives, vi porto il mio canto, la mia amicizia eterna».

Kodra: un cammino

"...buttarsi nelle cose con equilibrio, saper cercare indizi di fiducia, far sapere che esisti e che vuoi vivere, ma soprattutto investire nell'amore... collaborando con gli altri, è un'eredità che tu lasci. Poiché ogni tua opera sopravviverà come ricordo nella memoria storica".

La vita è la più incisiva madre della Poesia.

Uno dei miei maestri "veri", Tommaso Fiore, originale uomo politico, acuto e sensibile saggista, filologo robusto e rigoroso, che nella vita e nelle opere seppe inventare e realizzare una felice sinergia tra Benedetto Croce e Carlo Marx, se fosse ancóra vivo, dopo aver letto il racconto, che segue, si sarebbe tolto il cappello, che solitamente portava, ed avrebbe esclamato piegandosi in avanti: "È un miracolo di vita e di poesia, di intensità di vita e di profonda poesia".

Nel caso di Kodra, aggiungerei soltanto, la vita ha il pregio di essere un poema.

Sarebbe follia dire altro.

È sufficiente che il lettore legga il racconto con amore e umiltà.

Rocco Labellarte

Qualche anno fa, un giornalista, intervistando Ibrahim Kodra, uno dei massimi esponenti dell'arte contemporanea che aveva da poco compiuto ottant'anni, gli rivolse la domanda: «Maestro, ha altri progetti per il futuro?»

L'artista rispose: «Iniziare daccapo».

Non è stupefacente? Quanti, pensando al proprio lavoro o alla propria esistenza, potrebbero dire altrettanto?

Alcuni trovano straordinariamente positiva la vita, che non pèrdono occasione per esaltarla, ci coinvolgono a tal punto che viene da chiedersi dove trovino tanta grinta, quale sia il loro segreto, se pure ne abbiano uno.

Altri sono intimamente immiseriti che ne subiscono l'amplesso. Lo si legge nei loro occhi umidi, come un vago riflesso, lo si percepisce nel suono stonato e disarticolato delle loro parole, quando faticano a ricordare di aver avuto in un passato, ormai remoto: "un'anima".

Altri ancóra, come me, sbilanciati tra dovere e potere. Consapevoli che un uomo è tutto quando nasce e a lui va il nostro rispetto, il nostro aiuto, il nostro sguardo pietoso, affinché nel tempo concessogli possa conoscere giorni sereni e la speranza come fresca brezza spazzi via l'angoscia, spiani sentieri impervi. Purtroppo, non tutti, dobbiamo riconoscerlo, hanno la fortuna di amare la vita o di essere amati dalla stessa.

Essere pessimisti o ottimisti, non è solo un'inclinazione, ma una condizione legata anche ad un contesto familiare, sociale e storico. Vai a spiegare a chi ha perso un figlio, a chi subisce atrocità di ogni tipo, a chi è tormentato dalla malattia, di amare, di credere nella vita.

Non sono passati tanti anni da quando, con i miei scritti, inneggiavo alla vita, eppure oggi, per una somma di svariati motivi, mi discosto con pudore, rispetto e prudenza da alcune mie affermazioni.

Vivere è un'impresa particolarmente audace, uno sforzo a volte insostenibile, un sacrificio... forse inutile.

Il mondo, così come si presenta, è un luogo dove innalzare trincee per difendersi. Il male è ormai ovunque. Sempre in agguato.

Pronto ad assalirci. Sempre più agguerrito. L'uomo: un'esca sempre più debole e indifesa. Non mi pare che di tutto questo ci si possa rallegrare o che si possa considerare un privilegio abitare in questo mondo.

Ora come ora, temo la morte, anzi la rifiuto, così come temo il dolore.

Forse perché ne ho subìto tanto.

Ogni volta che penso alle mie figlie o ai figli di tanti altri, o a quelli che verranno, il terrore mi inchioda e mi fa bestemmiare. Ditemi, in nome di quale legge eterna, abbiamo dovuto sacrificarli?

Sono egoista? Forse!

Ma quanti in coscienza si sentirebbero di negare che l'idea di dare la vita non li abbia riempiti d'orgoglio, non li abbia fatti sentire onnipotenti? Su, siamo sinceri.

Quanti, sotto l'impulso di un atto sessuale hanno impastato il sangue con la carne e ne hanno avvertito la responsabilità per quella possibile vita? Tanti? Forse pochi.

Non pensate che sia veramente meschino e crudele quando, parlando dei nostri figli, ci auguriamo che possano avere una vita priva di sofferenze? Sappiamo che questo è impossibile. Il dolore è inevitabile.

Perché continuiamo a tenerli nella bambagia?

Comunque, anche se riconosco nella vita lo spirito di tale scempio, non escludo, naturalmente, il fermento di attimi irripetibili, di sapori e profumi indimenticabili, del fascino verginale di un'alba che nasce, muore e rinasce ancóra, o di come l'amore trovi la via e sappia radicarsi nelle cortecce più dure, impenetrabili e impensabili. E qualsiasi obiezione si faccia in merito, non si potrà mai escludere la dinamica miracolosa che vi è in ogni fenomeno celeste o terreno.

Sia esso il più insignificante o il più grande.

Ho letto, sul quotidiano "La Repubblica" del 10 marzo 2003 che il professor Francis Crick, premio Nobel per aver scoperto, con il collega James Watson, il DNA, in passato ha sostenuto: «Un giorno l'umanità intera dovrà accettare il concetto che anima e promessa di vita non esistono, un po' come, nei secoli passati, l'uomo dovette accettare che la terra era rotonda».

Forse la chiave di tutti i nostri problemi si nasconde fra queste parole. La conoscenza non ci ha permesso di camminare sulla superficie delle acque, ma ha continuamente molestato la mente, oppresso il nostro cuore di dubbi e paure.

La vita, fine a se stessa, non ci basta più.

Esasperati, abbiamo bisogno di essere coccolati, rassicurati, riconfermati, frenati nella nostra carica libidica, poiché troppo spesso confondiamo il desiderio di tenerezza con l'impulso materiale.

Credo che lo stato, la chiesa e i vari organismi sociali dovrebbero collaborare per ristabilire un nuovo ordine morale, con la stessa fermezza e con la stessa dolcezza di una grande e brava famiglia. Purtroppo, come è stato detto e ridetto, ognuno di noi, chiudendosi nel proprio egoismo è incapace di ascoltare, di tendere una mano al prossimo.

Ognuno ha le proprie presunzioni.

Come ha detto più volte il pittore Ibrahim Kodra: «La mancanza di comprensione degli uomini significa ignoranza». Ed è proprio su questo che si deve lavorare.

Non sempre si ha la fortuna di incontrare persone che per il loro talento o per la loro condotta mirabile ci seducono, ma quando questo accade, esse sono loro a risvegliarci spiritualmente. Sognare diventa un diritto, poiché agiscono, inconsciamente, per riflesso, su di noi. Si dà il caso, che io l'artista Kodra, lo conosca da ventidue anni.

La nostra amicizia trova fondamento nell'idea e nel senso più ampio che si dà alla parola. Quando ho deciso di scrivere questo racconto, ho pensato sùbito a lui, non solo perché sono onorata di essergli amica, ma anche perché penso che ci sia ancóra qualcosa da scoprire su questo personaggio, sebbene si siano versati fiumi e fiumi di inchiostro.

Naturalmente non pretendo di far luce sulle problematiche spirituali di ognuno di noi, non ho la pretesa o la competenza per farlo, però credo che il valore di un animo buono, genuino, possa strapparci un sorriso, colmare qualche lacuna e perché no, farci dubitare delle nostre certezze, dare risposte ai nostri quesiti irrisolti, stimolarci in un progetto e chissà... forse, definire i confini di qualcosa che, tutto sommato, accomuna la nostra esistenza.

Squilla il telefono, non sono in casa, ma la segreteria registra il messaggio: «Ciào cara, sono Kodra. Se per te va bene, possiamo vederci da me, giovedì mattina. Aspetto una tua conferma».

L'ho incontrato il gennaio scorso nella sua casa di piazza Lagosta a Milano. Mi correggo "Museo", come egli ha precisato più volte. «Qui, sono raccolti, ordinati, custoditi scritti e oggetti di valore storico e artistico. Un domani, l'Associazione Albania del Consolato Albanese e del Ministero degli Esteri ne curerà gli interessi» mi ha detto orgoglioso.

Poi, solennemente ha dichiarato: «È la stessa in cui visse Ghirardelli, fondatore della Galleria d'Arte "Il Milione", nonché pittore protagonista della prima mostra dell'astrattismo italiano del 1934.

La prima volta che misi piede in questa casa, fu quando lui mi invitò a vedere i suoi quadri. Rimasi sùbito affascinato da quest'attico. Ebbi la sensazione di abbracciare la città. Pensai che si potesse seguirla nelle diverse fasi della giornata. Coglierne i ritmi, le melodie, gli slanci. C'era la vita, ed era lì, a portata di mano. Potevi riempirti gli occhi fino allo spasmo.

Così, nel '47, dopo la morte di Ghirardelli, mosso da questi sentimenti, l'acquistai immediatamente. Sono ormai anni che vivo qui, eppure non ci ho fatto, ancóra, l'abitudine. Quando vado sul terrazzo e vedo la città, sento il cuore gonfiarsi, fino a farmi male. Quante volte, l'ho vista svegliarsi alle prime luci dell'alba.

Da sempre, lavora, soffre, gioisce. Ma come tutti, la sera, cullata dalle stelle e dalla luna, si abbandona finalmente, nell'aspettativa, nella speranza di un nuovo giorno da spendere. Se sapessi, come mi è di conforto pensare che, l'una e l'altra, siano invecchiate con me».

Da quelle mura, pensai, non trasudano soltanto emozioni, entusiasmi, aspirazioni e pudori di poeti, scultori, storici, giornalisti illustri, ma anche i sentimenti di chi, ai margini di una società, fra quelle mura è stato accolto, aiutato, compreso. Certi di trovare in quella casa, in quell'uomo, un porto sicuro, un amico veramente speciale. Indipendentemente dall'età, dalla differenza di sesso, di stato sociale, di razza, di religione e di fede politica. Tantissimi, i giovani di ieri, oggi attempati, che lo vanno a trovare e lo ricordano con immenso affetto. E, per lui, sono gli stessi di sempre: quelli che continuano ancóra a strappargli un'emozione, come un padre.

Il padre che avrebbe potuto essere e non è stato. Eppoi, chissà... forse lo è anche stato. Sono convinta che un grande si distingua non solo per la sua modestia o il modo in cui si racconta agli altri.

Lo si riconosce dalla dignità, dalla sensibilità, ma soprattutto da come interpreta la vita di tutti i giorni, nonostante ne subisca le offese, e da come riesca a comprendere il prossimo senza formulare rimproveri, giudizi o accuse inutili.

Paolo VI, durante l'inaugurazione del Museo d'Arte Moderna della Città del Vaticano, definì l'arte di Kodra: «Un messaggio di pace». Su un piano parallelo, possiamo dire, che tutta la vita di questo artista è stata un messaggio di pace. Egli, infatti, afferma: «Per gettare le basi di un futuro, dobbiamo impegnarci tutti a creare l'amore fra l'umanità. Poiché è solo l'amore che guarisce ed eleva l'uomo».

Ibrahim Kodra nasce il 22 aprile del 1918 a Likmetaj, un villaggio vicino a Ishmi, paese stupendo di montagna, in Albania, da mamma Xhixhe e papà Murat, capitano di marina mercantile.

Quando sua madre muore di parto a ventitre anni, il piccolo Ibrahim ha poco più di tre anni. Quella perdita segnerà drammaticamente la sua infanzia e influirà profondamente su tutta la sua esistenza.

Spesso, quando la memoria lo riporta a sua madre e alla sua terra, il cuore ha come un moto di abbandono. Gli occhi si illuminano e la voce acquista un tono più appassionato. «Mia madre era bellissima. Il suo cuore è il mio rifugio, il tempio in cui prego. Tutte le volte in cui mi sono sentito solo, smarrito, spaventato, sapevo di averla accanto.

Di notte, quand'ero solo, nel mio letto, mi bastava abbandonare la testa sul cuscino, chiudere gli occhi per sentire il canto della sua voce attraversarmi le orecchie e come un'onda raggiungere ogni piega profonda del mio spirito.

Un fremito. Un sussulto. Ed era sùbito gioia... pace infinita.

Ogni affanno o tormento moriva lì sul nascere, come per magia.

So che un giorno mi ricongiungerò a lei e il nostro abbraccio sarà per sempre. Fino ad allora, godrò della carezza del suo ricordo».

E da quell'immagine se ne staccò con un tenero sorriso, come se in quell'istante, all'improvviso, il suo cuore si fosse tramutato in un roseto. Per un attimo, attraverso le sue parole, ho potuto cogliere il medesimo candore di vent'anni prima, quando in un momento di sconforto le dedicò una poesia che mi recitò:

Non sento più le dolci carezze
come il vento d'aprile che accarezza i fiori.
Oh, mamma! Dove sei nascosta?
Non vedo più il tuo sorriso,
i tuoi occhi attenti, che mai
si stancavano di seguire
il mio cammino incerto.
Eri tutto per me.
Il tuo volto: il più bello fra le Muse.
I tuoi capelli lunghi e neri
velavano guancine liete
quando il seno infondeva calore
nelle vene puerili.
Ora, dove sei nascosta?
Fresca nella mia memoria ritorna;
oh, mamma! ad accarezzare il mio volto.
Oh, mamma...

Un affetto puro, trasparente, integro, il suo, che non lascia dubbi e che normalmente definisce il ruolo di ogni mamma.

Si potrebbe racchiudere in una frase tratta da "Paul Jones" di Alexandro Dumas: «Il sentimento della maternità non ha bisogno di essere santificato per essere santo».

Ci fu una breve pausa, durante la quale abbiamo bevuto una tazza di caffè, gentilmente preparato da Shpetim, un amico albanese, che in quel giorno godeva della sua ospitalità. Poi, guardandomi con occhi miti, ha detto: «Poiché il lavoro di mio padre, sempre in mare, lo costringeva ad assentarsi da casa, a volte per brevi periodi, altre volte per lunghi periodi, dopo la morte di mia madre, sentendosi schiacciato da enormi responsabilità, nonché per l'impossibilità di poter badare a me, fu costretto a risposarsi».

«Com'era la tua matrigna?».

«All'apparenza buona. In realtà era una donna scaltra e senza scrupoli. Aveva sposato mio padre solo per accasarsi. Lei riusciva sempre con le sue moine ad ingannarlo.

Lo assecondava in ogni decisione o desiderio, pur di raggiungere i suoi fini. Inizialmente gli fece credere che mi amava.

Quando, però, nacque Qamil, il mio fratellastro, ebbe per me inizio un calvario.

Da lei fui ignorato, disprezzato, messo da parte. Tutti i giorni, usava picchiarmi, senza alcun motivo, con un ramo spinoso, chiamato iskthi. Comunque, non erano queste punizioni, a terrorizzarmi, ma la soddisfazione che ne traeva e che io leggevo nel suo sguardo gelido, quando mi vedeva soffrire».

Con amarezza, ho chiesto: «E tuo padre? Cosa faceva?..., non ti difendeva?».

«Certo, certo!», ha ribattuto serio, «ma essendo sempre fuori di casa non poteva sapere cosa succedeva. Una volta, però, gli abitanti del villaggio contrariati e stanchi di sentirmi piangere, andarono da mio padre e gli raccontarono tutto. Lui la picchiò. Ma, quell'intervento, purtroppo, anziché frenarla, le suscitò propositi di vendetta.

A otto anni, in preda alla disperazione più totale, aiutato da Haki, un amico molto più grande di me, decisi di scappare di casa».

«Dove andasti?».

«A Mamurras, in una grande vallata piena di boschi, dove c'erano due ditte, una italiana, l'altra tedesca, che lavoravano ed esportavano legname in Italia e in Germania.

Il mio amico Haki, che lavorava presso la ditta tedesca, parlò di me ai suoi colleghi, ed io trovai momentaneamente rifugio in una famiglia tedesca, che aveva due figlie: Berta e Erna.

Quello fu un momento di grande respiro e spensieratezza. Stavo bene con loro. Erano generosi, affettuosi. Mi rispettavano.

A quel momento è legato un episodio divertente che ancóra oggi mi fa sorridere.

Le bambine, avendo saputo dalla madre che io ero musulmano e che, quindi, non mangiavo la carne di maiale, un giorno, mi fecero uno scherzo. "Ibrahim", dissero con tono malizioso, "se ci dài un bacio, ti diamo una fettina di salame". "No... no, per carità"!, gridai fuggendo a gambe levate».

È seguito un breve silenzio, durante il quale lui si è acceso una sigaretta e ho pensato ad un'intervista che Kodra rilasciò, nella quale gli chiesero se avesse sofferto per non essersi formato una famiglia.

Rispose così: «Nei primi tempi mi ha molto pesato. Oggi, vedendo le cose intorno a me sono contento di non essermi sposato. Perché se mi fosse capitata una donna aggressiva, incapace di comprendermi, credo che alla fine avrei abbandonato il mio lavoro, così come sarei stato un uomo infelice se avendo dei bambini non avessi potuto dare loro un'esistenza felice».

Riflettendo su queste parole, la mia curiosità mi è sembrata giustificata, quando gli ho chiesto se avesse odiato la sua matrigna.

La sua voce è diventata profonda e calma: «Da bambino sì, non lo nego. Da adulto no, la compatii. Perché... vedi, se lei fosse stata capace di offrirmi anche solo un sorriso sincero, forse questo gesto avrebbe ridato vita alla sua morte. Invece, il male l'aveva configurata verso quell'abisso angoscioso, demoniaco che nega ogni forma di libertà.

Quella libertà per intenderci che dà forza al senso sacrale della vita».

«Hai ragione», ho risposto, «io credo comunque, che tu possa ritenerti fortunato, perché possiedi una grande forza, oltre naturalmente ad una buona salute mentale. La tua forza deriva da questa. Non ti ha mai tradito. Gli eventi negativi hanno lavorato sul tuo cuore e sulla tua mente per realizzare solo progetti buoni».

In quel momento hanno bussato alla porta e Shpetim è andato ad aprire. Sono entrati un uomo e una donna. Avevano un aspetto distinto e cordiale. Mi hanno fissato a lungo con aria interrogativa e sùbito dopo la donna ha domandato a Kodra: «Maestro... è lei la scrittrice?».

«È lei», ha confermato sorridendo.

Si sono avvicinati, mi hanno teso la mano e con un largo sorriso, hanno detto quasi in coro: «Piacere Enzo», «Piacere Liliana».

Sorpresa da quella visita inattesa, ho guardato tutti uno per uno.

Poi, Liliana, notando il mio imbarazzo, con tono affabile, ha spiegato: «È da tempo che desideravamo conoscerla. Quando ieri, il maestro, ci ha telefonato dicendo che oggi avremmo avuto occasione di incontrarla qui, siamo sùbito venuti. Abbiamo letto e riletto i suoi libri. Ci piace il suo modo di scrivere. Su di noi hanno un effetto terapeutico. Attraverso i personaggi delle sue storie diventa quasi d'obbligo interrogarsi, venire trascinati dentro la corrente delle emozioni».

È seguita una breve conversazione, nella quale Liliana ha parlato del suo lavoro di pittrice. Infine, quelle due simpatiche persone si sono sedute intorno a noi e Kodra tranquillo ha ripreso il suo racconto.

«Passai diversi mesi presso quella famiglia tedesca, finché un giorno venne a far loro visita un italiano che aveva a Patok, sul mare Adriatico, un negozio di chincaglieria e un bar. Durante quella visita, divenni argomento di conversazione e fu l'occasione in cui si decise la mia sorte.

Infatti, quel signore, prima di congedarsi, mi chiese: "Perché non vieni via con me? Potresti aiutarmi nel servire il caffè ai clienti".

Ricordo che lo guardai in modo desolato. Che fare? A dire il vero, io allora, non ero in grado di saperlo.

Capendo il mio stato d'animo, mi diede una pacca sulle spalle e gentilmente disse: "Non è necessario che tu mi dia sùbito una risposta. Sarò di nuovo qui, fra un mese. Nel frattempo, vorrei che tu meditassi sulla mia proposta". E se ne andò.

Successivamente, incoraggiato dal mio amico e dalla famiglia tedesca, mi trasferii nella sua abitazione.

Il giorno della partenza, per la prima volta, avvertii uno strano tormento stringermi il cuore.

Dover abbandonare così, su due piedi, Berta, Erna, i loro genitori, il mio amico Haki, mi sembrò veramente terribile. Fu proprio allora che ebbi il presentimento che non sarei mai appartenuto a nessuno in particolare. Dovevo abituarmi ad essere solo, a sopportare con rassegnazione il mio destino. Già più volte, in passato, avevo avuto simili pensieri, ma alla fine qualcosa di positivo avveniva.

Sorrisi, così, all'idea che forse anche quella volta sarebbe andata come sempre. A otto anni, un bambino vive solo di sensazioni e di emozioni, ma lo spirito d'avventura riesce quasi sempre a salvarlo. Solo crescendo, riconoscerà il suo vissuto.

Ma questo è un altro discorso.

Nel mio animo più tardi affiorò l'esigenza di rivolgere lo sguardo all'umanità intera.

Ero nato per offrire alla vita la mia libertà.

Dunque, ritornando a quel signore italiano, posso dire che era un uomo perbene.

Per dimostrargli la mia riconoscenza, mi buttai con diligenza nel lavoro che mi aveva offerto. I clienti erano gentili e pazienti.

Mi ricompensavano con un sorriso, una carezza, una mancia.

Non mancarono, naturalmente, i villani che mi fecero pesare la mia situazione di orfano.

Comunque, rendermi utile servì a dare pienezza alla mia fragile e tenera esistenza, ma soprattutto accese in me una scintilla di fede. Quella fede necessaria in se stessi, che al di là dei torti subìti o dei diritti violati, ti dà il coraggio e la gioia di riflettere, per non farti sbandare».

Fattosi serio, e dopo aver taciuto per qualche momento, Kodra ha proseguito con tono vigoroso: «Non basta, comunque, avere fortuna per sopravvivere. Se vuoi che il tuo pensiero non si blocchi e le forze non ti abbandonino, non devi mai rinunciare alla speranza. La speranza rappresenta, nella vita di tutti noi un importante punto di svolta per realizzare i sogni, i desideri, i progetti.

La fonte che disseta il morale quando si è a terra è la tenacia».

«Insomma, l'antica massima "volere è potere" vale sempre», ho detto.

«Già», ha incalzato divertito, «ma se vuoi avere "tutto e sùbito", questo no, non è possibile.

Konrad Lorenz ha scritto che: "Uno dei peggiori effetti della fretta, o forse dell'angoscia che ne è la causa diretta, è l'evidente incapacità degli uomini moderni di rimanere soli con se stessi, sia pure per breve tempo. Essi evitano con scrupolo curioso qualsiasi possibilità di meditazione e d'introspezione; forse temono che la riflessione possa metterli di fronte ad una agghiacciante immagine di se stessi...".

Ecco, i miei uomini robot nascono da quest'amarezza. Denunciano i vizi di una società sempre più tecnologica e consumistica che ha rovinato, rammollito un'intera umanità.

Ha privato l'uomo della capacità di godere, attraverso i sacrifici, il valore dei contenuti, dei significati, della bellezza, della grandezza della nostra esistenza e di tutto ciò che la sovrasta.

L'uomo, oggi, per vivere deve distruggere. Lorenz ha anche scritto: "Il voler evitare ogni incontro con il dolore significa rinunciare a una parte essenziale della vita umana".

Il vero segreto sta proprio in questo. Non si deve aver paura di soffrire poiché con la sofferenza si raggiunge la grazia soprannaturale. Come ho già detto in altre occasioni, più ricco è il mondo dell'infanzia, più ricco è il mondo che si porta avanti. Chi non ha sofferto è povero di valori umani.

Eppoi, buttarsi nelle cose con equilibrio, saper cercare indizi di fiducia, far sapere che esisti e che vuoi vivere, ma soprattutto investire nell'amore... collaborando con gli altri, è un'eredità che tu lasci. Poiché ogni tua opera sopravviverà come ricordo nella memoria storica.

Questa è una grande verità, nonostante qualcuno non voglia farla passare per tale».

Gli sono stata grata di queste parole: «Troppo spesso, succede anche a me, quando non si raggiungono i risultati prefissati, assumiamo atteggiamenti o reazioni infantilistiche.

E qui mi sento di aggiungere, che uno dei difetti della nostra società è il narcisismo.

Si usa troppo spesso, in modo sfrontato, villano e intollerabile, la parola "io".

Io sono migliore, più sincera, io sono più forte e bella... sono nel giusto.

Gli altri no, sono falsi e cattivi... e così dicendo, chi più ne ha, più ne metta. Se realmente tutti fossero così come dicono di essere, il mondo sarebbe senza colpa e senza macchia. Invece, brucia bramoso e insoddisfatto in un vicolo cieco».

«Sono d'accordo con te», ha detto Kodra, e ha continuato: «A parte il dolore per la perdita di mia madre non ho mai sentito la necessità di lamentarmi, di polemizzare più di tanto, anche se le cose erano andate come erano andate».

Ha fatto un lungo sospiro ed ha aggiunto: «Ho sempre accolto tutto con spirito attento, curioso, critico. Mi spiego. Non chiedevo più di quel che mi si offriva. Ero certo che avrei potuto trarre stimoli, impulsi e indicazioni utili per superare o affrontare qualsiasi evento».

Si è fatto pensieroso.

«La mia vita è ricca di cambiamenti e di sorprese, a volte strane e bizzarre. Una mattina di novembre, la ricordo come se fosse adesso, avrò avuto poco più di nove anni, mi trovavo nel bar.

Stavo riordinando alcuni scaffali, quando sentii aprire la porta d'entrata. Sùbito dopo, una voce maschile chiara e decisa, chiese: "C'è qualcuno?".

Lasciai immediatamente il mio lavoro e mi diressi verso quella voce. L'uomo che mi stava di fronte era elegante, magro, bruno. Aveva uno sguardo fiero.

Chiesi: "Desidera?".

"Un caffè, grazie"; rispose gentilmente.

Mi fissò più volte e con tono dolce sussurrò: "Ma sei solo?"

Risposi timidamente di no e indicando la porta sul retro del magazzino, dissi che il mio datore di lavoro stava scaricando della merce. Sorseggiò il suo caffè e domandò simpaticamente: "Come ti chiami?".

"Ibrahim", risposi.

"Ibrahim!", esclamò ridendo, "ma guarda un po' che coincidenza. Anch'io ho un bambino della tua età che si chiama così". Mi diede un buffetto sulla guancia e fece: "Dimmi un po', come mai non vai a scuola?".

Gli raccontai brevemente gli avvenimenti che mi avevano condotto fin lì. E lui, guardandomi con occhi lucidi e pieni di bontà, risoluto propose: "Perché non vieni via con me? Ti mando io a scuola. Sono sicuro che mia madre, mia suocera e mio figlio ti accoglierebbero a braccia aperte".

Accettai. Quel signore mi era molto simpatico. Non capii sùbito che da lì a poco la mia vita sarebbe stata una strada continuamente in salita, ma in quel momento avvertii nel petto una strana agitazione, come se mille farfalle impazzite aspettassero proprio quel momento per essere liberate.

E fu realmente così.

Trovai finalmente la mia famiglia. Fui compreso, seguito, recuperato...».

Commosso fino alle lacrime, Kodra ha concluso: «Ero amato come un figlio. Non mi fecero mai mancare nulla. Ogni giorno, lodavo il cielo e la terra. Mi convinsi che da lassù mia madre non mi aveva mai lasciato. Era viva più che mai e mi conduceva per mano».

«Come si chiamava quell'uomo?» ho domandato.

«Selim Sukaj. Era il direttore della dogana di Durazzo».

D'impulso, in quell'istante, ho sentito la necessità di dover chiarire un dubbio che già da un po' mi frullava in testa, così, anche se a malincuore, ho interrotto il suo racconto, domandandogli: «Scusami Kodra, ma quando vivevi con tuo padre e la tua matrigna non andavi a scuola?».

Mi fissò con aria stupìta. Aggrottò la fronte: «Altroché. Andai a scuola, come tutti, a sei anni. Mio padre era un uomo che amava il sapere... desiderava che studiassi.

Aveva una grande passione per la musica, la poesia e la matematica. A quattro anni, mi regalò un quaderno e una matita. Mi insegnò a scrivere il mio nome in arabo. La vocazione per la pittura, nacque sùbito dopo, quando cominciai a scarabocchiare tutto ciò che i miei occhi vedevano».

Ho chiesto: «È vero che a dieci anni eri già considerato un bambino prodigio?».

Ha annuito ridendo, in segno d'approvazione: «È vero: a quel tempo ero in grado di poter disegnare qualsiasi cosa, perché il mio spirito di osservazione, così come la capacità di percezione erano stati, giorno dopo giorno, costantemente esercitati. Ricordo che a scuola i miei disegni venivano esposti dagli insegnanti, con immensa soddisfazione. La maggior parte di quei disegni raffigurava fedelmente eroi albanesi.

Sempre in quel periodo, un amico intimo di Selim Sukaj mi fece una proposta: "Poiché sei un bravo ritrattista", disse, "avrei pensato di collocare un cavalletto nella vetrina più grande del mio negozio di mobili. Se vuoi, potresti venire lì a disegnare. Chissà... un domani, quella che oggi è una passione, potrebbe diventare la tua professione".

Anche se il disegno, mi procurava un enorme piacere, non avevo mai pensato di diventare un artista, ma quell'idea mi piacque. Accettai il suo invito e finii con l'applicarmi maggiormente. E, nel giro di qualche mese, la notizia di un bambino che eseguiva ritratti in vetrina, come fotografie, si sparse a macchia d'olio. Tanto da essere successivamente invitato, in via del tutto eccezionale, nelle abitazioni delle famiglie più in vista della città».

«Pagavano bene i tuoi lavori?» ho domandato.

Scuotendo il capo ha riso di gusto: «Oh, no!... cosa vuoi, mi davano poco e niente». Ho riso anch'io. «Come spendevi quei soldi?».

«Comprando gelati e caramelle».

Dopo una breve esitazione, ha proseguito: «La vita, a volte, è buffa. Se è vero che, in alcuni momenti, come tu stessa hai detto, ti nega speranze e grandi idee, in altri ti offre sogni impossibili solo a pensarli. Per me è stato così. È proprio nel contesto di questo folle sogno che io venni, allora, catapultato in un mondo di cui avevo solo sentito parlare nelle fiabe.

E qui mi riferisco naturalmente a quella volta in cui Kalemi, un funzionario della Corte Albanese, andò a trovare il prefetto di Durazzo e lì, in casa sua, notò un ritratto che gli avevo fatto.

Ne rimase totalmente impressionato, che esclamò: "Ma che bello! Chi è l'autore di quest'opera così viva?".

Il prefetto gli raccontò la mia storia e infine disse: "Questo bambino va aiutato. Ha un talento fuori del comune. So che la Regina madre è una donna sensibile e generosa: aiuta tanti ragazzi orfani... forse potrebbe aiutare anche lui. Perché non gliene parla? Un sesto senso mi dice che, un giorno, il mondo parlerà di lui".

Kalemi annuì e prima di congedarsi disse: "Le farò sapere".

Quel funzionario mantenne la promessa.

Dopo qualche giorno comunicò al prefetto che la Regina madre aveva accettato l'incontro. Mi sarei dovuto recare, due giorni dopo, ai bagni di Durazzo, nella villa reale, dove stava trascorrendo le ferie estive.

Puoi immaginare lo stupore della gente quando la notizia si diffuse. Improvvisamente diventai importante. Così importante che tutti mi vollero aiutare. Un signore, proprietario di un negozio di tessuti, per l'occasione mi fece cucire su misura, un completo pantaloni di seta bianca.

Era bellissimo!

Il vestito fu confezionato in una giornata.

Quando il giorno dopo lo indossai, mi sentii un piccolo principe.

Cinque minuti prima di essere ricevuto dalla Regina, Kalemi mi insegnò come fare il baciamano. "Ricordati", mi disse, "il rituale vuole che tu faccia due passi indietro, dopo averle baciato la mano".

"Va bene", risposi.

Purtroppo non fu così. Quando mi trovai nella grande sala dei ricevimenti, mi tremarono le gambe. Confuso dall'ambiente molto fastoso, baciai non solo la sua mano, ma anche quelle di tante signore. Seguì, naturalmente, una fragorosa risata.

La Regina, ricordo, rimase colpita dalla mia timidezza, dal modo educato di parlare.

Mi diede due bacini e mi invitò a rimanere a corte.

Salutai con profondo dispiacere Selim Sukaj.

Egli mi abbracciò e disse felice: "Da questo momento avrai sicuramente un futuro migliore".

Furono anni, quelli, di grande determinazione. Mi impegnai con tutte le mie forze e lì a Tirana, conclusi con successo, nel più noto collegio albanese, il Konvikti Naim Frasheri, il liceo scientifico. Studiai con il principe Sherafedin nipote del re Ahmet Zogu.

Sùbito dopo, di sera, frequentai la Scuola d'Arte di Odhisea Paskal, con Kazeli, Zajme e altri compagni di liceo. La scuola si trovava di fronte al Konvikti Naim Frasheri. Ero un ragazzo, instancabile», ha concluso ridendo.

«Sì, sembrerebbe di sì» ho aggiunto, «se pensiamo che praticavi anche dello sport. E se, la memoria non mi inganna, a diciasette anni sei stato campione d'Albania nel lancio del disco e del peso».

«Non sbagli», ha confessato solennemente. Controllando l'emozione di quel ricordo e guardandomi con una espressione divertita, mi ha offerto una sigaretta. Liliana e Enzo, silenziosi, durante tutto quel tempo, all'improvviso hanno fatto sentire la loro voce.

«È talmente ricca la sua vita..., c'è sempre qualcosa di nuovo da scoprire».

C'era del vero in quello che dicevano. Ancóra tante domande affollavano la mia mente.

«E tuo padre...» ho domandato, «non lo rivedesti più?».

Ha abbozzato un sorriso: «Lo rividi, quando avevo dodici anni. Informato sulla mia sorte, da alcuni amici e conoscenti, venne a trovarmi alla corte, durante le vacanze scolastiche. La sua comparsa, dopo così tanti anni, mi lasciò a bocca aperta, ma poiché nutrivo ancóra un po' di rancore per lui, lo salutai normalmente, come se l'avessi visto da poco. Nei primi cinque minuti, non feci che guardarlo. Lo trovai mutato. C'era nel suo sguardo una profonda amarezza.

L'amarezza di chi fa fatica a sostenere una colpa che non riesce a cancellare e supplica perdono.

Provai, allora, una fitta, proprio qui, in mezzo al petto. D'istinto pensai che avrebbe potuto risparmiarmi quella visita.

A cosa era servita? A riaprire una ferita.

Sapevamo entrambi che le cose tra di noi non sarebbero state più le stesse. Lui sarebbe andato via con il suo rimorso, io sarei rimasto con il mio orgoglio e non ci saremmo rivisti più. Ma avevo torto... il contatto di qualcosa di misterioso, di divino che ci ha generati, ritorna.

Non si possono cancellare dal cuore le persone, e qui mi riferisco soprattutto ai genitori o ai figli, che un tempo hai amato.

È impossibile rinnegare le proprie radici, il proprio sangue.

A me capitò così. Pur pensandolo come causa delle mie sofferenze, nello sprazzo luminoso di quell'amore che credevo definitivamente perduto, nel rivederlo, ritrovai me stesso riappacificato.

Mi accorsi di amarlo ancóra.

Bastò il suo sguardo e la dolcezza delle parole a sciogliere il mio dolore: "Ibrahim", mi disse affettuosamente, "ho venduto il mulino di tua madre. Sono venuto a darti quello che ti spetta".

Afferrò le mie mani. Le aprì e vi depose un sacchetto di Napoleoni d'oro. "Questa è la tua metà".

Ecco, quello fu un momento di grande commozione. Un gesto degno di un padre. Un gesto che valeva più di qualsiasi parola. Avrei voluto buttargli le braccia al collo. Non lo feci e mi costò. Le parole mi tremarono in gola quando gli dissi: "Papà, dove li metto? Non ne ho bisogno. Tienili tu".

Pianse.

Ci separammo con un tenero abbraccio e un bacio. "Buona fortuna, figliolo", disse allontanandosi da me.

Dopo quell'incontro, ripensai spesso a mio

padre e giunsi alla conclusione che io avevo avuto più fortuna di lui. Quella fu la prima e l'ultima volta che lo rividi. Povero papà! Morì a Trieste nel '55. La petroliera, che conduceva in quelle acque, urtando una mina inglese, saltò per aria. La notizia di quella tragedia mi giunse tardi, quindi non potei recarmi sul luogo dell'incidente. Ma anche se ci fossi andato, servivano permessi speciali. Comunque, dopo la morte, la mia matrigna si risposò».

Mi venne in mente Qamil, quindi ho chiesto: «Il tuo fratellastro che fine ha fatto?».

Si è fatto serio: «Anche lui, povero ragazzo!, morì. Morì in guerra nel '43».

«Hai paura della morte?» ho domandato.

E lui: «Non esiste. L'uomo incomincia a morire quando nasce».

Sono passata ad un'altra domanda.

«Il tuo arrivo in Italia è legato ad un aneddoto curioso, vuoi raccontarlo?».

Ha sorriso: «Un giorno del 1938, non ricordo la data precisa, mi trovavo al cinema nazionale di Tirana. Stavo terminando degli striscioni, commissionati dal proprietario raffiguranti le immagini degli attori più in voga del momento, quando Scimuni, un noto giornalista albanese, arrivò da me tutto trafelato.

A stento, contenendo l'eccitazione, disse: "Ibrahim... domani, verrà qui, a presentare un suo film, l'attrice Maria Denis. La Consociazione Turistica Italiana, che ha organizzato il viaggio, ha comunicato che arriverà intorno alle ore sedici".

Sempre più agitato, chiese rapidamente: "Perché non le fai un ritratto con il costume albanese?".

La bellezza di Maria Denis era veramente notevole. Aveva una vaga somiglianza con Brigitte Bardot. Pensai che vederla in carne e ossa sarebbe stato tutt'altra cosa. Un'occasione da non perdere. Quindi accettai, dicendogli di portarmi una sua foto.

L'indomani, lei arrivò, accompagnata dal Console di Tirana e da un addetto culturale. Scimuni me la presentò ed io potei omaggiarla del mio disegno».

«Come lo realizzasti?».

«Con dei pastelli. Il mio disegno le piacque tanto, ma così tanto che mi diede due baci sulle guance. Essendo timido per natura, diventai rosso come un pomodoro.

Poi, rivolgendomi un sorriso dolce, mi disse: "Sei molto bravo! Non hai mai pensato di iscriverti a Brera?".

Risposi che quello era il mio sogno. Spiegai che, dopo aver terminato gli studi scientifici, sarei dovuto partire per l'Italia, ma purtroppo, in quel periodo c'erano molte difficoltà da parte delle autorità italiane a fare i documenti.

Si congedò da me rispondendo: «Sarebbe un

peccato con il tuo talento non poter andare in Italia». Non diedi peso alle sue parole ma, poiché le stesse allora contavano, furono assorbite dal Console e quando due giorni dopo arrivò una lettera, non credevo ai miei occhi.

Su segnalazione dell'allora Console a Tirana, Attoma Lo Russo, mi era stata accordata dallo stato italiano una borsa di studio.

Mi sembrò veramente di toccare il cielo con un dito. Devi pensare che qualche mese prima, ne avevo vinto un'altra, istituita dalla Regina di Albania per i giovani artisti. A quei tempi si mangiava con una lira. Avere in tasca tre mila lire si era signori».

«Dunque...» dopo aver riflettuto un attimo, Kodra ha continuato con voce calma: «Una mattina di quello stesso anno, io e altri sette studenti ci imbarcammo a Durazzo. Arrivammo a Bari di sera. Una volta lì, accolti dal sindaco e da altre autorità, ci dirigemmo con un nostro diplomatico albanese, che fungeva da interprete, all'Albergo delle Nazioni, dove soggiornammo e consumammo una lauta cena. I camerieri erano vestiti in frak. Ci servirono con i guanti bianchi.

Verso le ventidue andammo a vedere l'«Aida» al Teatro Petruzzelli e l'indomani mattina, partimmo per Roma.

Alloggiammo all'Hotel Ambasciatori.

Tutto si svolse molto velocemente.

Ci eravamo da poco rifocillati, quando un

gerarca del regime fascista, che fungeva da cerimoniere, ci informò di andare alle quattro del pomeriggio a Palazzo Venezia. Il segretario del partito Achille Starace, Mussolini, Bottai e altri gerarchi, avevano organizzato, in nostro onore, un raduno per illustrare gli accordi che si erano instaurati in quel periodo tra l'Albania e l'Italia su alcuni progetti, tra cui la valorizzazione di giovani artisti promettenti.

Fu un avvenimento unico.

Quale rappresentante del mio Paese, dovetti improvvisare un discorso. Conoscendo pochissime parole di italiano, imbarazzato, chiesi di poter parlare in inglese. Improvvisamente, in quella stanza scese un gelido rifiuto. Intuii di aver fatto una gaffe. A quel punto, il cerimoniere si avvicinò al tavolo del nostro diplomatico e propose: "Dite al camerata Kodra di parlare nella lingua madre... vedremo di intenderci"».

Conoscendo già il finale, mi è stato difficile rimanere seria, quindi con il sorriso sulle labbra, ho detto con ironia: «E fu allora che barasti... non è così?».

Divertito, ha proseguito: «Già. Giocai d'azzardo. Non sapevo proprio cosa dire. Salii sul podio. Vuotai, tutto d'un fiato, un bicchiere d'acqua e con tono vigoroso, serio, cominciai una litania di numeri in albanese. Per dare più importanza al discorso, rispettai le pause e nelle stesse, tra un numero e l'altro, vi infilai parole in italiano, come "Impero Romano", "Rivoluzione Fascista", "Duce". Infine, dopo una lunga pausa, assumendo gli atteggiamenti dell'epoca, conclusi con le parole "Giulio Cesare e Mussolini".

I miei compagni, intanto, sudarono freddo, durante quel mio discorso, pensando alle terribili conseguenze. Ma quando nella sala si levò uno scroscio d'applausi, ritrovarono finalmente il fiato.

Il cerimoniere mi mise una mano sulla spalla e disse: "Questo ragazzo ha fatto un discorso molto importante, non solo politico sociale ma anche storico". Seguirono altri applausi.

I compagni mi raggiunsero, mi abbracciarono e mi portarono in trionfo».

Alla conclusione del racconto di Kodra abbiamo riservato una fragorosa risata.

Una breve pausa, poi ho domandato: «Partisti sùbito per Milano?».

Ha scrollato il capo e appoggiandosi allo schienale della sedia, ha detto serio: «Avrei dovuto partire, ma dopo il mio discorso, il Duce domandò al cerimoniere: "Dove va questo ragazzo?".

Lui rispose: "A Brera".

"Rimanga pure a Roma", disse il Duce.

Così fui presentato al professor Siverio, docente di figura all'Accademia di Roma che mi obbligò a rimanere lì e a diventare suo allievo. Era un grande estimatore di Raffaello e una volta mi portò sulla tomba dell'artista a depositare dei fiori.

Però, durante quel mio soggiorno a Roma, mi accorsi di essermi illuso che quella persona potesse offrirmi di più. Ci allontanavano concezioni diverse di guardare, sentire e produrre arte. Il suo sguardo sulla pittura era fermo, come cristallizzato sul passato.

Il mio, invece, usando parole di Nietzsche, era dinamico, rivolto per comprendere il passato, per ristabilire il presente ed essere utile al futuro.

Così, dopo qualche mese, mi trasferii a Milano, per iscrivermi all'Accademia di Belle Arti di Brera.

Frequentai un corso di pittura con insigni maestri come Carpi e Carrà, un corso di affresco con Funi, un corso di architettura con Andreoletti.

Nel 1939 conseguii la maturità e successivamente l'abilitazione del disegno. In quegli anni, pur non essendomi iscritto a nessun partito, avvertii, ugualmente, l'esigenza di esprimere, attraverso i miei disegni, il clima che si respirava. Al centro dell'universo misi l'uomo con le sue inquietudini. Infatti i miei disegni venivano pubblicati dappertutto, forse di più delle opere di Guttuso, che allora era nel partito».

«Ibrahim, come mai, non ti sei mai iscritto ad un partito?».

«Un artista abbraccia il mondo, non un partito. Se lo fa, perde il trenta per cento della sua attività.

In realtà, volevo essere amico di tutti.

L'amicizia per me è un sentimento straordinario.

L'uomo nasce solo, muore solo ma vive in compagnia degli altri, sia nel bene, sia nel male. Ma senza l'amicizia, la sua esistenza sarebbe più amara della stessa morte. Io credo che un individuo, quando fa il proprio lavoro con scrupolo professionale, fa la migliore politica del mondo.

Se riguardo la mia vita, in modo distaccato, da semplice spettatore, direi che ogni scelta è stata dettata da una buona vocazione civile e morale.

Niente è stato sciupato.

Tutto è stato creato per amore di quella libertà di cui ti parlavo. Quella libertà che oggi manca e per la quale tutti soffrono.

Troppa confusione, troppe sfumature ideologiche, troppe correnti, troppa ricchezza».

Sono rimasta un momento a guardarlo, mentre sorseggiava un po' d'acqua:

«Cos'è, per te, la ricchezza?».

«È il declino dell'uomo verso il proprio egoismo».

Mi ha sorriso con affetto e ha continuato:

«Una volta, c'era la fame, ma tutti collaboravano per aiutarsi. E a dispetto di chi dice che sia una frase fatta, io mi oppongo. So di cosa parlo. L'ho vissuta veramente la fame e con me tanti cari amici.

Allora, era così per tutti. La provai per la prima volta, quando nel settembre del 1943, rompendosi i rapporti tra l'Italia e l'Albania, mi tolsero la borsa di studio.

Ricordo che per far tacere i morsi della fame ricorrevo a qualsiasi espediente: lezioni private di inglese e lezioni di pittura per corrispondenza.

Ma quando, anche quelle lezioni finirono, non mancarono certo le anime buone, pronte ad aiutarmi, come le sorelle Pirovini della latteria, in via Fiori Chiari, o il signor Mainini del Giamaica, e così via.

Naturalmente, non fui né il primo né l'unico artista al quale queste persone fecero credito. La vita era semplice e dignitosa. I crediti venivano riscattati con le opere degli artisti».

Ho replicato, ridendo: «Non tutti però ebbero la brillante idea di affrescare le pareti di un ristorante, per garantirsi un pasto caldo».

«È vero» disse, ridendo con me, «quest'idea mi venne, pensando ai grandi artisti del passato, come Piero della Francesca.

Un giorno andai dal proprietario del ristorante di Brera, di via Pontaccio, e dopo una lunga trattativa, stabilimmo due pasti al giorno, per un credito di quattordici anni, tre mesi e venti giorni».

Kodra si è commosso: «È passato così tanto tempo!

I miei amici sono tutti morti e Brera ha perso il suo fascino. A farla grande, una volta, c'erano Borgese, Carlo Bo, Guttuso, Migneco, Guido Ballo, Valsecchi, Palazzeschi, Quasimodo, Pasolini, Spadolini, De Sica, Lizzani, Antonioni, Dova, Crippa, Eneo Bertoni, Bacchelli, Degrada, Visconti. E gli stranieri Bertrand Russel, Le Corbusier, Adam, Picasso, Paul Eluard».

Per un attimo mi ha guardato senza dire nulla.

«Era la mia famiglia», ha sussurrato con amore e la voce gli è tremata.

Poi con una punta di amarezza, ricordando i frammenti di quel lontano passato, ha detto: «Le nostre umili case erano anguste e umide, i nostri vestiti, a volte logori e sgualciti, ma vivevamo tutti in una sorta di grande sogno, di speranza comune. Non avevamo acqua calda per lavarci, ma proprio per questo era un toccasana. L'acqua fredda serviva a tonificare i nostri occhi gonfi, cerchiati, reduci dalle notti trascorse a nutrirci di colori, di parole, di segni tracciati, di progetti accarezzati... di poesia.

Eravamo ricchi. Ricchi dei frutti che producevamo. E quei frutti gustosi bastavano per farci attraversare le stagioni dopo stagioni».

A sentir quelle parole, anch'io, ho avuto quasi l'impressione di vivere quei momenti, di sentire la presenza di quei personaggi. Erano una presenza viva.

Come vivo era il loro odore, il loro tempo.

Sono rimasta muta a guardarlo, e nei suoi occhi tristi, ho visto l'infinito.

Né io né nessun altro avrebbe potuto calcolarne la dimensione. Ci saremmo persi. Quando, Kodra sorride, tutto cambia. Ritrovi nei suoi occhi la tenerezza, l'innocenza del bambino che è in ognuno di noi.

Un bambino che indaga, sonda, ricerca.

Paul Eluard nel 1946, dopo aver apprezzato le sue opere, scrisse sull'Unità: «Le Primitif d'une Nouvelle Civilitatio».

Forse aveva intuito la medesima cosa.

Ho estratto una sigaretta dal suo pacchetto. Lui l'ha l'accesa.

«Cos'è lo stile in un artista?» ho chiesto.

Ha risposto con tono sicuro: «Tecnica, metodo e tipologia».

«Ibrahim, molti critici dell'arte hanno scritto che tu sei l'ultimo post-cubista. Cosa ne pensi?».

Alzando le spalle ha detto: «Be', sono contento».

«Cosa ne pensi di Picasso?».

«È il più grande interprete cubista del nostro secolo. Aprì la strada alla tridimensionalità. Ebbi modo di conoscerlo nel 1948 quando, su invito di Guttuso, partecipai a Roma, alla Conferenza Internazionale della Pace.

Da sùbito, ne rimasi affascinato.

Aveva una grande personalità e da quel giorno ci legò una infinita stima.

Lo rividi nel 1968 a Cannes, quando mi invitò a cena. In quell'occasione, mi disse: "Mio amico pittore albanese! Una pittura singolare, anche la tua firma è un disegno, come i tuoi quadri"».

Poi, domandai la prima cosa che mi è venuta in mente: «Cosa diresti, ad un giovane che voglia fare la tua professione?».

Amareggiato, ha risposto: «Di lasciar perdere. Ci sono tanti lavori attraverso i quali sbizzarrire la propria fantasia. Ai miei tempi, un artista se valeva qualcosa, alla lunga riusciva ad imporsi. Non c'erano gli interessi commerciali di oggi».

Avevamo parlato di tutto un po', o quasi. Così a bruciapelo gli ho chiesto: «Parliamo dell'amore... cos'è per te l'amore?».

Ha sorriso: «La scoperta dell'armonia».

«Può esserci amore senza sesso?».

Dopo aver riflettuto, ha detto: «Dipende. A volte, ci sono circostanze, in cui la persona che ami è malata... allora ne fai senza.

Generalmente, però, il sesso è un istinto,

un completamento nella vita di una coppia. Ma se due persone, basano l'amore solo su una forma strettamente fisiologica, questo sentimento dura poco.

Quand'ero studente, nelle discussioni con gli amici, sostenevo che l'amore doveva essere libero, senza egoismi. "Se un giorno, la mia donna mi dovesse dire di essere attratta da qualcun'altro, non farei storie", e insistendo sulla mia tesi, continuavo, ... "gli darei le chiavi", ma quando mi innamoravo io, guai a chi toccava la mia donna».

Ha riso e noi con lui.

Ha incrociato le braccia e ha concluso divertito: «L'amore è un sequestro di persona, nel bene. Quando ami qualcuno, non vorresti dividerlo con nessuno».

A quel punto, sempre più incuriosita, ho domandato: «Nella tua vita, c'è stata una donna che hai amato veramente e per la quale avresti fatto di tutto?».

«Sì, ne ho amate due: Romana Richetti e Matilde Brugnetti.

Romana Richetti, l'ho conosciuta nel '46, frequentava il Liceo Artistico di Brera. Aveva sedici anni. Un giorno venne a trovarmi nel mio studio di via Paoli.

Mi disse: "Posso farti da modella?", risposi: "Non ho bisogno, ma puoi rimanere".

Ci frequentammo per dieci anni. Mancò poco che la sposassi. Per amore suo, decisi di convertirmi al cattolicesimo, ma presi solo il battesimo. Mi battezzò l'arcivescovo Montini, il futuro Papa Paolo VI.

Con Matilde, invece, ci frequentammo per due anni. Quando la conobbi nel '68, frequentava il secondo anno di Architettura a Brera. Anche con lei finì per lo stesso motivo: non ero portato per il matrimonio. Avrei dovuto abbandonare la pittura, gli amici... non era possibile!».

Ho concluso con parole calme e dolci: «Amasti sopra ogni cosa la tua pittura. Non è così?».

«Esattamente» ha asserito con un sospiro.

«Ibrahim, ancóra una domanda. L'ultima» ho detto sorridendogli.

«Com'era la tua casa?».

I suoi occhi sono diventati lucidi.

Commosso ha risposto: «Era bella: quando c'era mia madre, tutto cantava, in quella casa. Il giardino, come in un sogno, era la riconciliazione con la vita stessa. Nei campi, spiccavano per varietà profumati alberi da frutta. Tutt'intorno, imponenti ulivi secolari la proteggevano dalle calure estive».

Poi, sempre più amareggiato, ha aggiunto: «Ora, in quella casa, vivono i miei parenti. Sono gli stessi che io rinnegai, quando mi vennero a cercare. Che coraggio! Per settant'anni non li avevo mai sentiti».

E qui, una frase che Liliana ha detto, durante il suo racconto, mi sembra pertinente: «Non si può togliere ad un uomo il suo passato. È come dirgli di rinnegare la propria madre».

Erano ormai passate tre ore dal mio arrivo. L'ombra della fame cominciava a farsi sentire. «Perché non andiamo a mangiare qualcosa?», ha detto stanco Kodra.

Ho risposto che avrei pranzato volentieri con lui e con i suoi amici, ma dovevo tornare a casa. Il pullman per Pianello sarebbe partito a momenti.

Sul pullman ho ripensato a quell'incontro e mi sono venuti in mente i quadri dell'artista. La prima volta che vidi le sue tele ebbi l'impressione di trovarmi di fronte ad un esempio eccellente, abile, provocatorio di nudità sociale dell'anima. La vita con i suoi robot si imponeva: ti catturava, ti salutava, ti soccorreva, ti suggeriva con l'unica forza positiva, possibile che conosceva: l'amore.

La stessa forza con cui ho scritto questo racconto.

Attualmente Kodra è l'unico artista in Europa ad avere la cittadinanza italiana, inglese, francese e spagnola.

Hanno scritto di lui autorevoli personaggi nel campo culturale. Ha conseguito numerosissimi premi nazionali ed internazionali. Il suo nome figura in pubblicazioni italiane e straniere, dizionari ed enciclopedie.

Le sue opere si trovano al Vaticano, alla Camera dei Deputati, presso Musei, gallerie pubbliche e private, in collezioni private di tutto il mondo. Tanto per citarne alcune: da Marcel Marceau, da Diego Valeri, da Sullivan di Boston, da Morris di New York.

Il solco

"Marisa da quel momento capì di non essere più sola. Sapeva con esattezza quale fosse la via da percorrere. Doveva lasciare la sua isola. Bandirla definitivamente. Intraprendere una nuova rotta".

Agilità di scrittura, rapida successione di momenti, concisione di dialogo con frasi ridotte all'essenziale in un intreccio ricco di emozioni che corre verso il momento decisivo della conversazione-confessione-atto di liberazione. Si ha l'impressione che non si vogliano usare parole più dello stretto necessario, per non turbare quasi l'intimità dell'incontro tra le anime che si aprono con candore, per mettere a nudo pensieri, convinzioni, emozioni, sentimenti. Una vicenda umana rivisitata nel giro di poche ore, che induce il lettore a riflettere sulle stoltezze degli esseri viventi, sugli errori, sulle illusioni, sugli slanci di generosità, nello sforzo di dare un senso plausibile alla vita. Si coglie nello sviluppo del racconto un senso diffuso di maturità, come se l'esperienza suggerisse saggezza, come se il dolore insegnasse qualcosa, come se l'essere vivente avesse bisogno di soffrire per purificarsi e recuperare l'innocenza ingiustamente offesa.

Da un momento di quasi evasione, come può essere una visita ad una città famosa, si passa ad un momento di intensa e pensosa interiorità, ad uno scandaglio nelle pieghe riposte dell'anima, per approdare ad una conclusione... almeno serena.

Rocco Labellarte

Roma è sempre bellissima, ma in agosto quando è semideserta acquista un fascino particolare: ti parla e ti seduce come poche. Fu questa l'impressione che provai quando due anni fa vi trascorsi una breve vacanza con mio marito.

È strano, come possa sorprenderti una città in cui sei vissuta, se la guardi dopo tanti anni, con gli occhi da turista.

I sentimenti cambiano.

Credi di conoscerla ma improvvisamente quelle piazze che hai attraversato un milione di volte, quegli edifici pubblici e privati che hai visitato, quei monumenti che hai distrattamente ammirato, ti sono estranei. Sembra impossibile, eppure a vent'anni, Roma non era riuscita a rubarmi quell'emozione che provai in quel viaggio, e quella malinconia che mi colse prima di lasciarla. Erano probabilmente passati gli anni in cui si è attratti solo da stessi ed erano arrivati quelli del discernimento, della riconciliazione con le piccole grandi cose, della ricerca di una diversa poesia. Mi ripromisi di ritornarci e così mio marito, che ne rimase molto impressionato; nonostante l'avesse studiata, amata attraverso i libri, l'impatto reale fu unico, al di là della sua immaginazione.

"Che magnificenza!" esclamò quando attraversò Piazza S. Pietro ed entrò nella Basilica.

In quella settimana si susseguirono e mescolarono stupori reciproci. Riuscimmo a visitare le Terme di Caracalla, l'Arco di Costantino, il Colosseo, la Fontana di Trevi, le chiese di S. Agnese, S. Paolo fuori le Mura, la scalinata di Trinità dei Monti, Castel Sant'Angelo. Il giorno prima della nostra partenza, andammo a Villa Borghese. Fu proprio lì, che qualcosa accadde e rese indimenticabile, ancor di più, quel viaggio.

La giornata era calda e luminosa.

La gente, in cerca di ristoro, si era concentrata tutta in quel parco. La mente stimolata dai profumi, dai canti e dalle voci della natura, fluttuava libera e rilassata. Dopo una lunga passeggiata, ci sedemmo sulla prima panchina libera. Stanchi ma soddisfatti, riprendemmo per un attimo fiato. Poiché avevamo delle cartoline da spedire ai nostri amici, decidemmo di scriverle e dopo averle affrancate, le riposi nella borsa. Fu allora che alzando il capo, casualmente i miei occhi caddero su una donna e un bambino seduti su una panchina, di fronte a noi. Il loro aspetto era curato. Lei aveva un viso leggermente paffuto, i capelli corti e neri. Piccola e magra, in un abito di color rosso, non mostrava più di quarant'anni. Ad un braccio portava una borsa nera e con l'altro cingeva le spalle ad un bel bambino, di circa dieci anni, che sfogliava un fumetto. Dal loro modo di parlare si intuiva che tra i due c'era una certa familiarità.

«Forse è suo figlio», pensai fra me e me.

La guardai con insistenza, aspettando il cenno di un suo sguardo. Erano passati troppi anni, non ero sicura che fosse lei, forse qualcuna che le rassomigliava notevolmente. Improvvisamente alzò gli occhi verso di me. Imbarazzata, accennò un debole sorriso e osservandomi attentamente, domandò: «Ci conosciamo?».

Con grande stupore di mio marito, mi alzai e andai verso di lei: «Sei Marisa?», chiesi. Sorpresa, annuì con la testa, ma non disse nulla.

Aggiunsi sùbito: «Non mi riconosci?».

Esitò un attimo, mentre un velo di commozione appannava i suoi occhi.

«Dio Santo!» esclamò. «Non è possibile... sei proprio tu?».

Poi, seguì un lungo abbraccio.

Avevo vent'anni quando la conobbi. Frequentavamo lo stesso anno della facoltà di sociologia all'Università di Roma. Io mi ero trasferita da un piccolo paese del Lazio, lei da un piccolo paese della Calabria.

Scivolando nel passato, parlammo senza sosta, del più e del meno, per circa mezz'ora.

Disse di essersi sposata con Ivo, sùbito dopo la laurea e suo figlio Andrea era nato sei anni più tardi. Grazie al marito aveva trovato sé stessa e l'amore. Un ragazzo meraviglioso che conoscevo, ed ebbi modo di apprezzare fin dall'inizio della loro relazione. Lei lavorava presso un centro sociale della AUSL. Trovai Marisa molto serena. Non aveva più lo sguardo triste, spaurito di quando l'avevo conosciuta e il modo pacato di parlare trasmetteva positività. Il sole era già calato da un pezzo e il parco, ormai svuotato dalla gente, si preparava a raccogliere le ombre della notte. Mio marito guardò l'orologio e intervenne allegramente: «Sono quasi le otto, che ne dite se cenassimo?».

Andrea, che per tutto quel tempo era rimasto in silenzio, replicò: «Mi sembra un'ottima idea» e, strizzandogli l'occhio, aggiunse con tono spiritoso: «Prevedo una lunga serata, meglio non rischiare».

Scoppiammo tutti a ridere.

Marisa accettò con entusiasmo l'invito. Suo

marito, quella sera, era fuori Roma per motivi di lavoro e non sarebbe rincasato che l'indomani mattina. Propose un tipico e noto ristorante a Trastevere: un locale dove lei e la sua famiglia andavano spesso. Il ristorante era gestito da circa quindici anni da un'anziana coppia romana che aveva saputo trasformarlo in un ambiente accogliente: il servizio accurato, pietanze dolci e salate (tutte squisite), i vini (quelli tipici dei Castelli Romani) e inoltre, chi desiderava festeggiare in modo originale un'occasione importante, poteva disporre di bravi professionisti che cantavano vecchi stornelli romani. Il locale non tradì le nostre aspettative e lì respirammo un'atmosfera familiare.

I proprietari ci colmarono di attenzioni e quando Lorenzo, un loro nipote si avvicinò al nostro tavolo, invitando Andrea a giocare a carte, con molta umiltà ci manifestarono le loro preoccupazioni per quel bambino, tanto triste e svogliato.

Lorenzo, dopo la morte improvvisa dei genitori, avvenuta l'anno prima in seguito ad un incidente stradale, aveva perso la voglia di vivere ma fortunatamente si era legato ad Andrea, suo compagno di classe. Per loro quell'amico era una vera e propria benedizione.

In quel ristorante rimanemmo circa tre ore. Durante le quali, le nostre lingue si sciolsero e la conversazione divenne sempre più confidenziale. Ognuno di noi rievocò episodi, divertenti e non, della propria vita: la soddisfazione della laurea, l'ansia del primo colloquio di lavoro, la gioia provata con la nascita dei figli, la difficoltà nel crescerli ed educarli, i nostri sogni, l'angoscia del tempo che scorre. Naturalmente non poteva mancare un argomento che ha interessato tutti i tempi: l'amore. Fu proprio su questo argomento che nacque una vera e propria discussione.

«L'amore non chiede, si offre», asseriva Marisa con dolcezza, portandosi una mano sul cuore.

«Sempre?» chiesi.

Rispose decisa: «Sempre», e proseguì, «È un dono, come la bellezza, l'intelligenza, la bontà. Ci sono persone che amano pur non essendo corrisposte. Alla vendetta, all'odio rispondono con il perdono, perché esse sono l'amore».

Scossi la testa: «La tua risposta rassicura ma non convince. È un concetto un po' troppo idealistico. Non ti sembra di esagerare?» ed incalzai: «E se fosse solo apparenza... il bisogno di richiamare su di sé l'attenzione degli altri?».

Abbozzò un sorriso e rispose: «Sì, sì, forse per la maggior parte della gente, ma per alcuni no. Io parlo di un valore assoluto, non di strategie, estorsioni o rivalse psicologiche su chi ci rifiuta».

Del tutto imprevedibile, fu l'osservazione, in quel momento, di mio marito che guardandola negli occhi ribatté perplesso: «Comprendo e approvo i buoni sentimenti. Tuttavia è quella parola "sempre" che non soddisfa il mio dubbio. Tu credi veramente che si possa perdonare il carnefice che ha ucciso tuo figlio?».

Particolarmente colpita da quelle parole, mi colse un senso di disagio indefinito. Eravamo su un campo minato e lui non poteva sapere che quella donna aveva compiuto il viaggio più doloroso della sua vita.

Per un istante ebbi paura di una sua reazione, ma fortunatamente, dopo una breve pausa di silenzio, Marisa con voce ferma, disse: «Sì... con la pietà. L'anima lavando il suo dolore può ancóra volare verso la libertà».

Toccandomi la mano, richiamò la mia attenzione: «Non voglio rivangare il mio passato e tu sai perché».

Un'ombra scura calò sul suo volto.

Disse: «Se non ti avessi conosciuto, forse oggi parlerei diversamente. Un giorno fosti proprio tu a dirmi che le angosce non vanno seppellite ma rimosse, che solo riconoscendole possiamo chiudere quel solco profondo con una nuova semina. Ricordi?».

A voce bassa, risposi: «Altroché. La proiezione nel tempo di una resurrezione aiuta a coltivare il nostro credo quotidiano e a volte a far sbocciare dal dolore un frutto come l'amore».

«Allora, perché non sei d'accordo. Chi o cosa, oggi, ti fa cambiare idea?».

«C'è un malinteso. Non rinnego ciò che ho detto. Come te sono convinta, e così mio marito, che l'amore sia un dono. Madre Teresa, ad esempio, era semplicemente una rarità. Quando soccorreva i derelitti non si chiedeva se fossero o non fossero dei criminali. Amava. Questo era, o forse non era, un suo obiettivo.

Le veniva naturale offrire, amare persino il dolore.

L'uomo normale, invece, deve misurarsi tutti i giorni con i dubbi, dipendere da quella verità chiamata amore e lottare con molto coraggio per rimanervi fedele. Un sacrificio che richiede troppe rinunce, sofferenze, dispendio di energie, risultati a volte deludenti.

Dimmi quale uomo possiede una tale disponibilità ad andare contro corrente ed accettare le sconfitte come un premio. Questa è la differenza che esiste tra un santo e un uomo qualunque. Comunque, non necessariamente bisogna indossare un saio per essere un buon samaritano».

La nostra serata si concluse brindando all'amore universale, perché in fondo noi ci credevamo. Marisa richiamò il figlio e ci avviammo alle nostre auto, parcheggiate sul lato opposto della strada. Un bacio, una stretta di mano e la promessa di risentirci presto. Sebbene le nostre vite travagliate ci avessero separato per così tanto tempo, lasciando perdere le nostre tracce, ognuno di noi aveva custodito nel proprio intimo i ricordi, i segreti, l'affetto.

Era stato bello incontrarla di nuovo, dopo tanti anni.

Mio marito, una volta soli, domandò: «Non capisco... perché in tutti questi anni non vi siete mai sentite?».

Buttai lì la prima cosa che mi venne in mente: «Forse, per pudore».

Mi guardò allibito: «Per pudore?».

Le motivazioni erano veramente tante.

In quel momento sarebbe stato complicato elencarle una ad una, non avevo davvero voglia di parlarne, così dissi: «C'eravamo perse di vista, ma questo non vuol dire che non l'abbia pensata. Anzi, ho pregato spesso affinché la vita le risparmiasse ulteriori dolori, fosse pietosa con lei».

Sempre più perplesso, aggrottò la fronte: «Non ti seguo. Da come parli sembra una tragedia».

Aggiunsi sottovoce: «Lo è. Marisa ha alle spalle una storia di una violenza inaudita. Non posso raccontarla qui. Ho bisogno di calma e di tempo».

Poiché eravamo arrivati già in albergo, troncai il discorso, per evitare che il portiere ci ascoltasse. Rientrati, facemmo una doccia veloce. Intanto la curiosità di mio marito era salita alle stelle. Prese un amaro dal frigorifero e sedette sul letto, accanto a me, pronto ad ascoltare il mio racconto.

Una mattina del 1980, l'autunno era ormai alle porte. Quel giorno un vento freddo ne preannunciò l'arrivo. Mi stavo recando in facoltà per assistere ad una lezione di psicologia sociale quando improvvisamente il cielo si oscurò. Affrettai il passo e varcai giusto in tempo l'ingresso dell'università.

Nel giro di pochi minuti fu un susseguirsi di lampi e tuoni.

La pioggia si stagliava a sferzate sulla città. Un vero diluvio.

Così mi diressi verso l'aula gremita di studenti, impazienti di ascoltare la lezione di un giovane docente che sin dall'inizio dell'anno aveva catturato la nostra attenzione con il suo atteggiamento umile e simpatico. Padrone della materia sapeva trattare ed esporre gli argomenti con concetti chiari, riuscendo a coinvolgere le menti più ribelli e ad affrontare le domande più graffianti.

«Ricordatevi» diceva, puntando il dito su di noi «quando un domani uscirete di qui e farete il vostro ingresso nel mondo del lavoro, dovete essere abili, coraggiosi, preparati; usare tutta la vostra intelligenza per imporvi. Non siate avventati».

Sarcastico concludeva la sua predica con una frase che fece il giro della facoltà: «Ma non comportatevi come il torero e il toro nell'arena».

Quel giorno il professore arrivò, come sempre, con cinque minuti di ritardo. Un attimo prima di chiudere la porta, varcò la soglia una ragazza fradicia dalla testa ai piedi. Non la conoscevo personalmente, ma l'avevo già vista altre volte.

Il professore la squadrò ben bene e disse: «Si tolga la giacca se non vuole prendersi un malanno, l'appoggi pure su quella sedia vicino alla finestra, poi prenda posto lì, in seconda fila». Lei scrollò per un po' la giacca, borbottò qualcosa fra i denti e sedette al mio fianco.

Girò il suo sguardo verso di me e osservando avvilita i suoi indumenti, stizzita mormorò: «Che tempaccio, guarda un po' come sono ridotta!».

Capendo il suo disagio, le sorrisi e dissi sottovoce: «Tò! È una piccola salvietta che porto sempre con me. È pulita. Se vuoi, puoi asciugarti un po'».

Rispose con gentilezza: «Oh, grazie, ne ho proprio bisogno».

Era una ragazza gracile, dai lineamenti delicati con due occhi neri, grandi. Sebbene fossero belli, ornati da ciglia folte e lunghissime erano di una tristezza infinita.

Finita la lezione, ci avviammo all'uscita.

La pioggia non era ancóra cessata, ma si era acquietata. Tirai fuori dalla borsa l'ombrello e l'accompagnai alla casa dello studente. Da quel momento iniziammo a frequentarci e, con il passare del tempo, si instaurò tra di noi un'affettuosa amicizia. Eravamo accomunate dalle medesime scelte coraggiose e da un unico progetto "laurearci". Lei mi aiutò a rendere più accettabile quella normale solitudine che investe la giovinezza, ed io la sua. Spesso dopo le lezioni si andava in un bar di via Nazionale: luogo frequentato dagli studenti universitari, per chiacchierare, mangiare, bere qualcosa.

Marisa, nonostante fosse carina e avesse tanti che le ronzavano intorno, rifiutava qualsiasi approccio. Allora, non credeva nell'amore.

«Innamorarsi...» sosteneva: «È un'idea malsana. Porta solo dolore».

Affermazioni, naturalmente che suscitavano polemiche, perplessità, antipatie da parte di alcuni studenti del nostro corso.

Chi a quell'età non crede all'amore e vi rinuncia? Una vera e propria «congiura» si abbatté su di lei, alimentata dal fatto che non socializzava quasi mai con nessuno. Era diffidente verso chi la invitava a vedere un film, a fare una passeggiata.

Erano rare le volte che accettava di intervenire ad una festa.

Le scuse erano sempre le stesse: non mi sento bene... devo studiare... ho un altro impegno. Le ragazze la detestavano. Quando ci vedevano insieme era sempre la stessa solfa. Finivamo coll'essere mortificate.

«Ma come fai a sopportare quella rompiballe? Non vedi che è una gattamorta. Chissà cosa nasconde. Stà attenta a non diventare come lei!».

I ragazzi tutto sommato erano più tolleranti, meno superficiali. A volte prendevano le sue difese, affermando che non si poteva giudicare qualcuno senza conoscerne la storia.

Ero d'accordo.

C'erano troppe zone oscure nel suo comportamento: non parlava mai, né della sua infanzia, né dei suoi genitori.

Questo dava da pensare.

Una volta le chiesi le motivazioni, e lei rispose con voce grave: «È un segreto... forse un giorno te lo svelerò».

Da allora non feci più domande, (o quasi). Nascondeva, quindi, qualcosa di grande, ma quanto fosse grande non ne avevo la più pallida idea. Sono sempre stata convinta che bisogna fidarsi del proprio istinto, ed io mi lasciai guidare dal mio senza condizione, senza fretta, senza ansia.

Sebbene fossi curiosa, ero certa che Marisa mi avrebbe condotta dritta al suo cuore. Avrei così compreso le ragioni del suo silenzio, delle sue paure e forse delle sue sofferenze. Ci sono silenzi leciti e illeciti, mai afferrati, mai svelati, altri che affiorano come denunce, atti liberatori. Ma parlava spesso delle sorelle come delle persone più importanti della sua vita.

Rita, la maggiore, viveva a Torino da circa otto anni, aveva sposato un professionista che l'amava e non le faceva mancare nulla.

Lei ricambiava questo suo amore ma era infelice perché lui non l'avrebbe mai resa madre.

E per questo a trent'anni soffriva di continue depressioni. Generosa, di tanto in tanto, le inviava del denaro che lei depositava su un conto corrente postale. Rosa, la sorella minore, viveva in Calabria con i suoi genitori. Frequentava il secondo anno di liceo scientifico. Volitiva, entusiasta della vita, amava ogni tipo di sport ed era un'ottima nuotatrice. Marisa, per lei, nutriva tanta tenerezza e preoccupazione, ma soprattutto le mancava, moltissimo. Per colmarne il vuoto le telefonava una volta alla settimana. Diceva spesso, quasi con ossessione: "Purtroppo non vive in un luogo sicuro. Spero che non le facciano del male. Non riuscirei a sopportarlo, non so quali reazioni potrei avere".

Ma chi aveva interesse a farle del male? E perché? A volte, non lo nascondo, non ottenendo risposte a queste mie domande, ho dubitato delle sue condizioni psicofisiche. Fortunatamente avevo ancóra un briciolo di pazienza, quindi decisi di starle vicino.

Un anno dopo, alla fine di giugno, spossata da un caldo terribile, che si faceva sentire più degli altri anni, mi rifugiai come sempre, in un'aula vuota dell'università per studiare.

E che aula! Era fresca e tranquilla.

Là, tutti i pomeriggi, da un mese, lontana da qualsiasi distrazione, ero riuscita a concentrarmi, a trovare una grande forza.

Il fatto è che mi piaceva stare da sola.

Ho sempre avuto un buon rapporto con me stessa e la solitudine non l'ho mai vissuta come un lutto, ma come una insolita terapia per lo spirito. Ogni volta che l'ho invocata o subìta mi ha portato una profonda pace. Sono stati quelli i momenti in cui ho realizzato dei sogni bellissimi.

Raramente mi ha delusa.

Quindi, ritornando a quel giorno, in quell'aula, ero seduta fissa sui miei appunti di sociologia, quando la porta cigolando si aprì ed entrò Marisa.

Con un'aria preoccupata e con il fiato mozzo esclamò: «Oh, finalmente! Ti ho cercata dappertutto. Non arrabbiarti, so che fra un mese hai un esame e non vuoi essere disturbata, da niente e da nessuno, ma ho un bisogno disperato di parlarti. Puoi ascoltarmi?».

Pensai che dovesse essere molto importante se era venuta a sfidare il mio disappunto. Così la invitai a sedersi.

Avvilita e sempre più agitata si lamentò: «Non mangio. Non dormo più. Sono così nervosa».

«Come mai?».

«Ti ricordi di Ivo?» domandò.

Con una smorfia risposi: «E chi è?».

Desolata, sgranò gli occhi: «Dì, non dirai sul serio...!».

Alzando le spalle, replicai: «No, non ti prendo in giro. Scusami, ma in questo momento ho un vuoto».

Sempre più perplessa spiegò con calma: «Lo conosci bene... Viene spesso qui in Istituto. È un amico di Nino, il custode, e lavora nella farmacia di fronte».

Ridendo con gusto, la interruppi: «Basta... basta così. Altroché se lo conosco».

Tagliai corto: «Be', cos'ha fatto?».

Emise un sospiro profondo e raccontò: «Dopo tante volte che Ivo mi ha chiesto di uscire, finalmente tre settimane fa ho accettato e siamo andati a mangiare un gelato in via Veneto. Ti sembrerà ridicolo ma, per la prima volta, mi sono sentita viva. Ha risvegliato in me quella gioia di vivere che credevo perduta, tanto, tanto tempo fa. È stato così bello, che dopo quella sera, ci siamo visti ancóra. Purtroppo l'altro giorno...». La frase si interruppe e il suo volto prese fuoco.

«Dai sù! Coraggio dimmi tutto».

Chinò la testa, ma incoraggiata dalle mie parole sussurrò: «In un momento di debolezza, prima di salutarci, mi sono lasciata prendere dalle sue braccia e ci siamo baciati».

Soddisfatta, esclamai: «Cavolo, non sei contenta? È un gran bel ragazzo. Eppoi è bravo, divertente, disponibile con tutti. Dov'è il problema?»

Rispose con calma: «Quando Ivo mi ha detto di essersi innamorato di me, fin dal primo istante che mi ha visto, ho pensato ad un miracolo e ci ho creduto.

Purtroppo mi sono illusa. Ho riflettuto molto e sono arrivata alla conclusione che io non sono degna del suo amore».

«Perché? Non sei forse sicura dei tuoi sentimenti?».

«Sicurissima. Ho solo paura di soffrire. Ecco perché questo rapporto va troncato sùbito. Se non lo faccio io, lo farà lui, appena saprà del mio passato».

Persi la pazienza. Ero veramente stufa dei suoi segreti, delle sue paure senza senso e quella volta glielo dissi urlando.

Fu così che lei liberò la sua disperazione, e lanciandomi uno sguardo severo mi provocò con questa frase: «Come vivresti se la tua mente per anni avesse subìto ogni sorta di crudeltà?

Come ti sentiresti se, a dieci anni, le persone che dovrebbero amarti più di qualsiasi altra cosa, rubassero i tuoi giorni di sogno per gettarli nel cesso?

Cazzo... me lo spieghi?».

Turbata da quello sfogo, d'istinto senza sapere esattamente chi e cosa l'avesse ridotta così, l'abbracciai forte.

Rimanemmo a lungo in silenzio.

Poi, dopo un attimo di imbarazzo, con voce ben calibrata, le parole cominciarono a sgorgarle fuori, lucide come lame taglienti: «Tutto è cominciato una mattina, quando non andai a scuola, per colpa di un'influenza, che non mi aveva fatto chiudere occhio tutta la notte. Mia madre, come al solito, uscì di casa verso le otto. Accompagnò Rosa all'asilo e si recò alla scuola media dove lavorava come bidella. Non sarebbe rientrata prima delle due del pomeriggio. Invece, mio padre, quel mattino maledetto, rimase con me. A causa di uno sciopero per il rinnovo del contratto, la fabbrica dove lavorava era rimasta chiusa.

Ricordo perfettamente quanto fossi felice di non essere andata a scuola. Da sùbito pregustai il sapore delle coccole, delle attenzioni che mi avevano fino allora accompagnata.

Ero innamorata della mia famiglia, della mia casetta, del mio rione; avevano il calore di una dolce carezza: rara e preziosa.

Almeno, fino a quel momento.

Poi, si verificarono fatti imprevisti, impensabili, che sconvolsero la mia giovane età e posero fine alla mia spensieratezza.

Riposavo tranquilla nel mio lettuccio, quando mio padre arrivò con la colazione.

Sedendosi sul bordo del letto, disse: "Marì", così mi chiamavano tutti, "Ti ho preparato del té caldo con i biscotti. Sù da brava, butta giù qualcosa, così ti rimetti presto".

Sùbito dopo cominciò ad accarezzarmi, a baciarmi, finché mi toccò lì... Togliendogli la mano, dissi: "Ma papà, cosa fai?".

Non badò alle mie parole.

Rimettendola ancòra dov'era, mi sussurrò in un orecchio: "Se vuoi bene al tuo papà, non devi dire nulla alla mamma. Questo sarà il nostro segreto...". Bé è inutile che continui».

Una morsa le serrò la gola, mentre gli occhi le si riempirono di lacrime. Coprendosi il volto con le mani, si accasciò sul tavolo, rantolando il suo dolore.

«Cristo santo! È crudele» sbottai sbalordita.

In quel momento non ebbi la forza di dire altro. Quella storia mi si era piantata nello stomaco e mi doleva. Così, poco dopo, le chiesi se volesse chiudere lì il suo racconto.

Scosse la testa: «No, no... è giusto che tu sappia. Non riesco più a sostenere da sola questo fardello. Ho bisogno di qualcuno che mi aiuti a sopportarlo».

«Già» sospirai «forse hai ragione».

Rialzò il capo, si asciugò le lacrime e proseguì: «Crescendo, lui divenne sempre più esigente con me. Era geloso, possessivo. Un vero tormento. Quante volte ho cercato di ribellarmi ma lui era il mio carnefice, tutto era inutile.

Le minacce... terribili.

Purtroppo la tragedia arrivò, quando a sedici anni, rimasi incinta e dovetti abortire».

Ebbi un sussulto. Sconvolta e con un senso di profondo disgusto, le domandai: «Chi ti aiutò?».

Gelida fissò i miei occhi. Con voce aspra, rispose: «Chi, più di lui, poteva incarnare così bene la menzogna, la meschinità, l'ipocrisia. Un diavolo..., ecco cos'era. Quella gravidanza diventò la mia ossessione. Spesso, di notte, mi svegliavo di soprassalto, madida di sudore e in preda a terribili incubi. La coscienza cominciò a succhiare la mia esistenza. Ero sempre depressa. Il tormento, lo stesso: avrei dovuto sopprimere una vita o accettarla. Atti entrambi diabolici e convergenti verso un'unica scelta obbligata.

Pensa alle conseguenze che ci sarebbero state se non avessi deciso di abortire?

Avrei rotto tutti gli equilibri. Dannato le vite di tanti. Provo orrore per ciò che ho fatto ma credo di aver in parte espiato le mie colpe pagando con le sofferenze».

«Ma quali colpe, Marisa? Eri solo una bambina».

Stizzosa: «No, sono stata una vigliacca. Avrei dovuto ribellarmi, difendere la mia dignità a qualsiasi costo... anche della vita».

«D'accordo, ma con il senno di poi, dici questo».

Posai una mano sulla sua e lei me la strinse forte.

Riprese a raccontare: «In quel periodo, per un caso fortuito del destino, la nonna si ruppe il bacino. Mia madre decise di offrirle assistenza e si trasferì a casa sua con Rosa. Lui, non avrebbe potuto contare su una circostanza più favorevole di quella per organizzare il suo piano. Immediatamente parlò alla mamma di un viaggio che io avrei dovuto fare per uscire dalla mia depressione. Una vacanza al mare, lontano da tutto e da tutti, mi avrebbe sicuramente giovato.

Giustificò quel mio momento come un passaggio critico di tutti gli adolescenti ma per qualcuno, particolarmente sensibile, un valico impervio che andava risolto con la pazienza e l'affetto della famiglia. La rassicurò dicendole che mi avrebbe accompagnato. Infatti, dopo sei giorni partimmo per Rimini».

«Che lurido bastardo!» gridai fuori di me.

Dopo una pausa piuttosto lunga le domandai: «E tua madre, non si accorse mai di nulla?».

«Altroché» disse con un sorriso sarcastico: «È una stronza! Un mese dopo l'aborto, decisi di farla finita. La memoria ormai era diventata il mio inferno. Disperata svuotai un tubetto di pasticche. Purtroppo andò buca, nemmeno il diavolo mi voleva. Così finii dritta in ospedale. Il personale del reparto intervenne sùbito con una lavanda gastrica e mi salvò per miracolo. Fu allora che mia madre disse di averlo sempre saputo. Sia il mio comportamento che quello di mio padre l'avevano insospettita.

Aggiunse che quando rimase incinta di me anche lei avrebbe dovuto liberarsi di me, si sarebbe tolta un grande peso.

Con il cuore triste, le chiesi: «non ho parole. Perché allora, lei non l'ha lasciato?».

«Non poteva. Sarebbe stato uno scandalo per il paese. Da lì a poco la gente avrebbe saputo, e tutti, nessuno escluso, sarebbero stati messi al muro. Lei ci teneva a conservare una bella facciata. D'altronde non c'è da stupirsi, chi più, chi meno, sono in molti a farlo. Dal sud al nord, il numero non fa la differenza, non cambia la sostanza del problema. Paradossalmente, durante una lite in cui le chiesi perché non mi avesse aiutato, rispose che era molto meglio una figlia che un'amante».

«Ma è pazza?», gridai indignata, lasciando cadere le braccia lungo i fianchi.

«È veramente inquietante, orrendo il tuo racconto. Poi... tuo padre come si comportò?».

«Si spaventò e mi lasciò in pace. Intanto in casa si respirava un clima pesante. Spesso, durante il giorno i miei si mandavano affan... a volte si picchiavano. Raggiunta la maggiore età, me ne andai. Finalmente ero libera. Mi illusi e, Dio solo sa, quanto. Nessuno può cambiare ciò che è stato. Il passato è la nostra seconda pelle. Ovunque tu vada è sempre con te. Inutili gli sforzi per togliersela d'addosso, o far finta che non ci sia. Da sola, ho cercato, di dare un senso ai miei giorni, ma non ci sono riuscita.

Forse sono morta... Capisci?».

«Eccome, se ti capisco. Ma questo non vuol dire che io sia d'accordo. La vita, oggi più che mai, ha un debito con te. Non ti ridarà certo la tua adolescenza, ma può offrirti ancóra un futuro. Accidenti, se lo può. Il passato del resto possiamo solo riscattarlo con un presente migliore. È tempo di farla finita, di ricomporre il tuo cuore spezzato. Non devi rinunciare all'amore. È un tuo sacrosanto diritto. Accoglilo. Credimi, l'amore rende sempre radiosa qualsiasi giornata infelice».

Distolse i suoi occhi da me e fissando il pavimento disse: «E se un giorno anche Ivo...».

Troncai immediatamente il suo discorso, intuendo al volo che cosa volesse dire: «Tuo padre è un uomo malato... non è detto che tutti lo siano. Suvvia. Credo per il momento che tu abbia bisogno di Ivo e di un bravo psicoterapeuta".

Sollevata, domandò: «Come mi devo comportare con Ivo?».

«Raccontargli quello che hai detto a me. Se è veramente innamorato, capirà».

Mi guardò stupìta: «Devo dire tutta la verità?».

«Certamente. La sincerità è la fonte dell'amore».

Poi sorridendole, le chiesi: «Hai mai letto il "Piccolo Principe"?».

«No». Rispose con aria divertita.

«Ti consiglio di leggerlo. "Ciò che abbellisce il deserto", disse il piccolo principe, "è che nasconde un pozzo in qualche luogo..."».

Si concluse così la nostra conversazione.

Marisa da quel momento capì di non essere più sola. Sapeva con esattezza quale fosse la via da percorrere. Doveva lasciare la sua isola. Bandirla definitivamente. Intraprendere una nuova rotta. Sperai, in quel momento, che le sue paure risalissero dagli abissi della sua anima, così precocemente sfruttata, percossa, uccisa, e lei ritrovasse quella dignità che le era stata violata.

La risposta la ebbi rivedendola un mese dopo, in università. Quel giorno avevo superato l'esame di psicologia sociale e lei venne a congratularsi con me. Come mi aspettavo, bastò darle un'occhiata per capire quanto fosse felice.

Era semplicemente radiosa e la sua trasformazione evidente. Indumenti anonimi, come maglioni larghi, gonne lunghe o pantaloni, erano stati sostituiti. Un abitino corto e fasciante metteva in risalto le sue morbide forme.

Con gli occhi che parevano due stelle scintillanti, mi disse: «Ho trovato un bravo psicoterapeuta che mi sta aiutando a vedere ciò che di più bello e profondo vi è nella vita. Con Ivo c'è una grande comunione. Abbiamo imparato a soddisfarci, comprenderci, rispettarci. Avevi ragione, ho fatto bene a dire la verità. La peggiore schiavitù di un uomo è la menzogna».

Erano già passate le due del mattino quando finii questo racconto. Mio marito che per tutto il tempo era rimasto in silenzio, esclamò: «Che vita! Povera ragazza.

Paura... smarrimento. Ecco cosa provo.

Che dirti? Questa storia conferma la mia assenza di fiducia nel genere umano. In effetti "angelo" o "diavolo", sono facce di una medesima moneta. Imprevedibili quando la sorte le fa girare. Bé, perché pensarci, mettono solo di cattivo umore questi pensieri. Sarà meglio dormire».

Spenta la luce, mi accoccolai, tra le sue braccia, con il capo poggiato sul suo petto. E mentre invadeva quella pace ormai tanto familiare che chiudeva gli occhi come una morbida carezza, una voce sussurrò:

«Buonanotte piccola».

«Buonanotte tesoro», risposi.

Cullata dai battiti del suo cuore, mi addormentai serena.

“Sì”

“Allora scoprimmo che il dono di sé era una grazia e il nostro amore era troppo grande per essere svilito... andava difeso dall’egoismo e dalla volgarità di un abbraccio carnale”.

Il modo di raccontare di Clelia Palombo mi sembra simile ad un rivo di acqua cristallina, che da una cima innevata di monte scenda a zig zag piroettando per i dislivelli del terreno, per congiungersi, una volta giunto a valle, con il torrente ingrossato dalle piogge autunnali e col fiume che pigramente scorra lungo la pianura snodandosi a spire larghe e lente, forse poco voglioso di riversarsi nel mare.

Le parole perdono la sonorità abituale e quotidiana, per apparire nella loro nudità scarna, nella loro bellezza naturale e primigenia. Ne ha fatta di strada l'esperienza linguistico-semantica di una scrittrice-poetessa, che in prosa parla, scrive, canta con la voce di poetessa, che ha imparato a "creare", a "inventare" (il verbo greco "poièin" proprio questo vuol dire).

"Beati quei popoli che non hanno bisogno di eroi"! Beati quei popoli (suggerisco io) che sono ca-

paci di esprimere dal loro seno la voce di un poeta e di una poetessa!

Il mio è semplicemente riconoscimento consapevole di una virtù, che i molti stentano a riconoscere e ad ammettere.

Clelia Palombo non è Minerva nata, solo, dalla testa di suo padre Giove, alla quale, quindi, manchi l'incanto dell'emozione e dello stupore d'amore.

La parola nasce completa e adorna di intelligenza paterna e di sensibilità materna.

"Che altro c'è di più meraviglioso dell'Eracle di Euripide" (Quid Hercule Euripideo mirabilius?), esclamava nel 1800 il rigoroso critico filologo tedesco Wilamowitz-Moellendorf.

Anche i severi filologi si commuovono di fronte alla bellezza della parola poetica.

Magia della Poesia! Come aveva ragione il divino Platone! Ancóra una volta i Greci antichi si rivelano maestri "veri".

Il racconto "Sì..." potrebbe meritare la stessa commossa valutazione per la semplicità dell'ordito, per l'originalità dell'invenzione, per l'essenzialità dello svolgimento.

Rocco Labellarte

Possono un uomo e una donna amarsi ugualmente senza fare sesso?

Poiché la domanda meriterebbe di essere analizzata da tutti i possibili punti di vista ed io non ho la competenza per farlo, mi limiterò a raccontare una storia molto, molto particolare, che sul piano emotivo mi ha portato a conoscere altre forme di libertà e di capacità d'amare.

Due anni fa una lettrice, inviandomi una lettera colma di elogi, scrisse che i miei romanzi avevano avuto il potere di toccarle il cuore. Leggendomi, aveva la sensazione di sentire accanto un'amica e in alcuni personaggi si era addirittura identificata.

Consapevole che gli entusiasmi, così come i complimenti, vanno accolti con prudenza, direi una bugia, se affermassi di non essere stata lusingata da quelle sue parole.

E poi, sono convinta davvero che un libro possa farci compagnia. Dilata la mente e il cuore, aiuta a superare alcune banalità della vita, soddisfa le nostre giornate.

Non è, come si pensa, solo un oggetto che, una volta letto, va ad abbellire una libreria; quanto piuttosto, un evento, un alleato prezioso di giorni incolori e disattesi.

Presenza attiva di confronto e di crescita.

E se l'hai scelto fra tanti e ti soddisfa, nello sfogliare le sue pagine, ne percepisci i messaggi, i gusti, gli odori, i sentimenti di chi lo ha partorito. È una suggestiva affinità che conforta, completa. Fa parte di te, dei tuoi sogni. Sai che c'è, ogni volta tu voglia servirtene.

È lì, inchiodato dove l'hai riposto, come un amico fedele: il tuo sorso di umanità quando intorno hai il deserto.

Dunque con Greta (questo è il nome della lettrice), dopo quella lettera ne seguirono altre. A volte ci sentivamo anche per telefono.

Finché un anno fa decidemmo di vederci. Ci incontrammo per la prima volta, una mattina di fine settembre a Parma, quando dovendo rifornire una libreria di un mio testo, colsi l'occasione per incontrarla.

La giornata era tiepida e soleggiata, ed io mi sentivo in ottima forma, nonostante mi fossi alzata prestissimo per prendere il treno.

L'appuntamento era a casa sua, verso le undici. Sbrigai in fretta la commissione in libreria e presi un taxi. Durante il tragitto, non smisi mai un momento di pensarla. Ero curiosa di conoscerla. Sapevo che aveva cinquantacinque anni, era entusiasta della vita, amava la letteratura russa dell'Ottocento ed aveva una vera passione per gli acquari, ma non conoscevo altro della sua vita.

Finalmente, quando la macchina imboccò un quartiere residenziale e si fermò di fronte ad una villa bellissima, del '700, le considerazioni di un attimo prima lasciarono il posto allo stupore.

La villa: imponente, immersa in un magnifico parco, era protetta da una cinta invalicabile. Di fronte a tanta magnificenza, il taxista scrollò il capo e mormorò fra sé: «Ma guarda che roba... chi troppo e chi niente!».

D'impulso pensai, invece, a quanto impegno occorresse per conservare in perfetto stato una simile reggia. Era una schiavitù più che una tranquilla dimora.

Quindi decisi di non raccogliere quel lamento con una falsa conferma o con una discussione inutile. Pagai la corsa. Lo salutai con gentilezza. Mi avviai verso il citofono e quando suonai, il cancello si aprì immediatamente e all'improvviso sulla destra, in fondo al viale, al di là delle siepe, vidi una donna venirmi incontro. L'andatura era elegante, la figura alta e snella.

«Ben arrivata» disse simpaticamente stringendomi la mano.

Era bellissima!

Il volto quasi privo di rughe, gli occhi di un verde intenso.

Mi condusse in casa e ci accomodammo in salotto. Dopo qualche minuto, una giovane colf filippina ci servì l'aperitivo con alcuni stuzzichini. Intanto Greta mi invitò a pranzo. Ciò mi colse impreparata e solo dopo le sue insistenze, accettai, con un leggero imbarazzo.

Nella prima mezz'ora si parlò di tutto un po'. In seguito, fissandomi con un sorriso luminoso, suggerì: «So che per il momento non hai alcuna intenzione di scrivere, ma io desidero regalarti ugualmente una storia d'amore, nell'eventualità tu decidessi di continuare a farlo».

Sorridendole, decisi di ascoltarla.

«I miei genitori si sposarono giovanissimi. Poiché in casa la situazione economica non era delle più favorevoli, per i primi anni tirarono la cinghia per assicurarsi il pane e per lungo tempo non ebbero figli.

Ambulanti di tessuti, riuscirono, dopo molti anni ad aprire, qui a Parma, un piccolo negozio di merceria.

Maria, mia sorella, venne alla luce nel 1937 e dieci anni più tardi nacqui io. Abbiamo ricevuto un'educazione severa, compensata con il calore del loro affetto. L'aspirazione dei nostri genitori era quella di offrirci una vita migliore e fortunatamente il destino ha esaudito questo loro sogno.

Nella loro lista dei doveri c'era sempre questa frase: "I figli prima di tutto".

Erano pronti a sacrificarsi, pur di difendere quello che consideravano la loro legge e questo condizionava il loro comportamento. Testimoniava il rigore morale di un'epoca. Una grande eredità per le generazioni future e cieche. Io e mia sorella, però, non ci siamo mai conosciute a fondo. Anzi, devo essere sincera, non siamo mai riuscite a trovare un modo per comunicare.

La differenza d'età e forse di carattere ci ha sempre diviso. È probabile che anch'io abbia avuto la mia parte di responsabilità. Certo le voglio bene, ma non sono sicura di essere stata ricambiata in questo sentimento».

«Perché lo pensi?»

«Con me è sempre stata fredda. Si divertiva a punzecchiarmi su ogni cosa. A tredici anni, mi ripeteva spesso che la bellezza ha una sua stagione nella vita di una donna».

«Diceva questo perché la bellezza per te aveva una grande importanza?»

«Assolutamente. Non ero vanitosa. A me interessavano cose meno futili».

«Fisicamente, Maria com'era?».

«Un tipo: magrissima, statura normale, occhi grandi e furbi, capelli corti e scuri. Un atteggiamento e un modo di vestire decisamente maschile che mia madre le rimproverava spesso. Rimproveri, naturalmente, di cui lei se ne infischiava, con risposte a volte sprezzanti sulle donne. Definiva il mondo femminile un pianeta fascista».

«Oh, questa è bella!».

«Ostinata, orgogliosa, a volte cinica, aveva un grande fiuto per gli affari. Quando si diplomò ragioniera, trovò subito lavoro in un ingrosso di acquariofilia e due anni dopo sposò Samuele, il figlio del suo datore di lavoro. Sami, come confidenzialmente si faceva chiamare in famiglia, era un ragazzo buono, simpatico e affascinante.

Quando lei decise di sposarsi, puoi immaginare in casa con quanta gioia fu accolta la notizia. Era il classico matrimonio che ogni genitore avrebbe desiderato per la figlia, anche se alcune dichiarazioni di mia sorella crearono non poco imbarazzo».

«Perché?».

«Alla domanda se fosse veramente sicura di compiere quel passo così importante, lei rispose di provare per Sami un grande affetto ma che lo sposava perché ricco.

Diceva: "con l'amore non si mangia. La maggior parte della gente non condivide quello che dico ma lo pensa. Eccome se lo pensa! Trovatemi qualcuno a cui fanno ribrezzo i soldi ed io cambierò idea".

A dieci anni quelle parole mi si stamparono nella mente. Adoravo Sami. Non meritava una simile offesa.

Fu lui che mi insegnò a nuotare, a giocare a scacchi, a riconoscere i pesci d'acqua dolce da quelli salati, a farmi vedere come venivano costruiti gli acquari, a ricordarsi quando compivo gli anni e a coprirmi di regali. Un giorno, però, l'incantesimo si ruppe. Lei, gettandogli uno sguardo indignato, lo rimproverò di viziarmi troppo.

"Non capisco", disse "perché tu perda tanto tempo con lei... non è né tua figlia né tua sorella".

Impallidii. Il cuore mi batté così forte che mi parve di sentirlo in gola. Da quel momento capii che dovevo farmi da parte, accettare gli inviti solo quando era Maria a farli».

«Era gelosa? Perché a giudicare da come ne parli, sembrerebbe l'unica spiegazione».

Si strinse nelle spalle: «Bé, non solo di me. Di tutto e di tutti. Alcuni fatti me lo confermarono, in particolare un episodio, che non potrò mai dimenticare.

Una volta il suocero, per ampliare il giro d'affari della società, le affiancò la moglie dell'altro figlio alla guida e al controllo di un'area di vendita. Maria, sentendosi defraudata di un potere che fino a quel momento era stato tutto suo, reagì piuttosto malamente. Rese impossibile la vita di sua cognata con continui dispetti, insulti e denigrazione.

La tensione crebbe a tal punto che provocò la reazione della stessa e fra di loro scoppiò una lite furibonda. Quel giorno, il suocero che aveva fatto l'impossibile affinché la situazione cambiasse, indignato più che mai, la convocò immediatamente. Cercò di sedarne l'animo. Spiegò per l'ennesima volta quanto fosse ridicolo e controproducente la sua condotta. Aggiunse che solo con la collaborazione di tutti la società sarebbe cresciuta ulteriormente e anche lei ne avrebbe tratto dei vantaggi. Poi, fermo nelle sue decisioni, non trovando argomenti validi per convincerla, la allontanò dal posto di lavoro per qualche giorno, affinché meditasse sulle sue parole.

Mia sorella ci pensò due giorni e due notti. Ritornò dal suocero e si licenziò. Tre mesi dopo si trasferì in Australia con Sami per aprire un altro centro di acquariofilia».

«Perché proprio in Australia?».

«Non lo so. Forse per allontanare Sami dalla famiglia. Lui del resto si guardò bene dal contraddirla, o di mandare all'aria un matrimonio, sapendo che, da lì a qualche mese, lei lo avrebbe reso padre. Per lui quel dolce evento era la cosa che contava di più.

Ricordo che ne· soffrii tantissimo, quando partì».

«Quindi mi sembra di capire che nonostante avesse il suo caratterino, ti mancasse molto?»

«No... no, non Maria. Mi mancava lui».

«Sami!?» dissi meravigliata.

«Sì. Sebbene avessi tante amiche, lui era come un fratello maggiore, al quale avevo aperto il mio cuore. Mi aiutò a superare la fragilità dell'adolescenza.

A volte quando i miei genitori mi facevano notare che con mia sorella non avevo le medesime attenzioni riservate a Sami, provavo un po' di vergogna. Mi sentivo in colpa. Per quanto mi impegnassi, non riuscivo a sopportare la sua lontananza. Ero sempre ansiosa di avere sue notizie. Mi ci volle del tempo affinché accettassi l'idea di non poter occupare il posto che aveva mia sorella.

Gli anni intanto trascorsero.

Avevo ventiquattro anni, quando nel novembre del 1971, mi laureai in lingue e letterature straniere.

I miei genitori organizzarono una grande festa, in uno dei locali più belli di Parma.

Andai alla festa con Stefano, un ragazzo carino, con cui flirtavo da circa un anno. Ci eravamo conosciuti in una libreria del centro, cercando lo stesso libro. Poiché la libreria aveva soltanto una copia, decidemmo simpaticamente di scambiarcela. Una settimana l'avrei tenuto io, una settimana lui. Così, tra una lettura e l'altra, la nostra amicizia si trasformò in qualcosa di più importante. Affetto e rispetto, credevo, fossero la formula per stare insieme. Poi scoprii la passione e ne compresi il senso».

«Cioè?».

«La passione è un sentimento così bizzarro, smanioso, incontrollabile... Se ti prende, ti buca il cervello».

Senza esitazione, tagliò corto: «Comunque, non è di questo che ti volevo parlare... non adesso. Ritornando a quel giorno, la festa fu un successo e si protrasse fino a notte fonda. Ero invasa da una deliziosa eccitazione, quando Stefano mi riaccompagnò a casa.

Quel giorno segnò per me la fine di un'epoca, l'inizio finalmente di una indipendenza economica dai miei.

Con quel senso di euforia e di appagamento che contraddistingue una giornata memorabile, mi preparai ad andare a letto. Il telefono suonò, proprio allora».

Tacque per un istante e sul suo viso si posò un velo di tristezza.

Poi un lungo sospiro l'aiutò a proseguire.

«Era Gianni, il fratello di Sami. "Mio padre

ha avuto un infarto" disse, con la voce strozzata del pianto "ora si trova nel reparto di rianimazione intensiva. Secondo il parere dei medici, le probabilità che possa riprendersi sono molto poche" e aggiunse "Sami e Maria li ho già avvisati. Partiranno insieme a Mirko, con il primo volo".

La notizia mi sconvolse, poiché con il matrimonio di Maria, tra le famiglie si era instaurato un legame forte, affettuoso. Tristezza ed emozione correvano sullo stesso binario. Finalmente avremmo conosciuto Mirko, il nostro nipotino di nove anni».

«Quindi, mi sembra di capire che tua sorella e suo marito da quella volta che partirono, non erano tornati più in Italia?».

«Esatto. Puoi quindi immaginare la gioia quando li rividi assieme a Mirko. Era un bambino sorprendente: spiritoso e intelligente. Oggi ha quarant'anni. È un affermato biologo. Non è sposato e vive in Australia».

«E del padre di Sami, cosa ne è stato?».

Greta sospirò: «Purtroppo, si spense tre giorni dopo. Lui riuscì a vederlo per un soffio. Si salutarono con un abbraccio. Fu una scena straziante. Una di quelle che ti marchiano l'anima. Nessuno lo vide piangere ma l'impatto con la morte gli tolse il gusto, la voglia di vivere. Era semplicemente smarrito, pieno d'amarezza, turbato da mille pensieri, da continui sensi di colpa. Vinto da quel brivido doloroso, si rese conto, come egli in seguito mi confermò, della caducità della nostra vita».

«Capisco. La morte fà paura. È un evento così concreto che ti stravolge. Se ti tocca, la senti. Eccome se la senti!

Sappiamo che prima o poi saremo piegati dall'ineluttabile, eppure facciamo di tutto per sfuggirlo.

Le ricette, i suggerimenti di alcune guide spirituali, non credo possano prepararci ad accettarla, se dentro di noi non spira il vento della speranza. Per celebrare una rinascita, si ha bisogno di tanta maturità interiore, di una buona salute mentale e soprattutto dell'affetto sincero di chi amiamo, di chi ci fa sentire utili.

E non è poco!

Poiché sul piano emotivo e intellettivo, ognuno di noi, è la somma di svariate influenze, il risultato di possibili e infinite spiegazioni, per spendere quello che si ha si deve anche volerlo.

I vinti e i vincitori non esistono.

Per essere l'uno o l'altro, avresti dovuto poter scegliere la tua nascita.

Se penso all'uomo e lo relaziono alla vita, mi piace immaginarlo come un missionario devoto più che una vittima. Veramente terribile, miserabile e senza scopo sarebbe la sua esistenza».

«Hai proprio ragione! Inizialmente il suo spirito era malato. Passava le giornate nell'ufficio del padre, rifiutando qualsiasi aiuto dal mondo esterno. Inutile dire, quanto fossimo tutti molto preoccupati per lui.

Neanch'io fui in grado di sostenerlo con la mia voce. Capii che in quel momento non era pronto ad ascoltarla. Così decisi di ignorare il suo dolore.

Lui sapeva di non essere solo, di essere amato e questo era già qualcosa. Aveva, però, bisogno di tanto raccoglimento per scacciare la rabbia e fare ciò per cui siamo venuti al mondo: servire la vita più che essere serviti.

Capii che lui era guarito, quando quindici giorni dopo, durante una cena, vidi sulle sue labbra disegnarsi un fugace sorriso. La sua lingua si sciolse ed io trassi un sospiro di sollievo.

Raccontò di aver trovato, in un vecchio armadio, nella casa dei suoi, un trenino elettrico ancora funzionante.

Suo padre lo aveva comprato durante un viaggio in Svizzera e ne aveva fatto dono ai due figli, quand'erano piccoli. Stupìto di come lo avesse gelosamente conservato cominciò a decantare le sue qualità: "La sua vita è stata ricca, limpida e ordinata. Le sue energie le utilizzava per fare del bene. Era convinto che la resa dei conti, prima o poi, arrivava per tutti. Forse, non si sarebbe mostrata palesemente agli occhi di ciascuno di noi, ma nel nostro cuore... sì.

Sosteneva che avere un cuore buono facilitava il nostro trionfo sulla morte.

Ogni sua azione, infatti, era coerente con il suo pensiero. Aperto a tutte le discussioni, non litigava mai con nessuno. Sapeva ascoltare e dare consigli saggi. Ecco perché la sua morte ha amareggiato tutte le persone che lo hanno conosciuto".

E fu realmente così.

Tutta la città venne a dargli l'estremo saluto.

È incredibile, davvero incredibile, come il ricordo di alcune persone care possano mutare il gusto acre di un dolore per lasciare posto ad un sentimento più dolce e profondo come quello dell'amore.

Più tardi, quando Sami finì di parlare, accadde, però, un fatto che raggelò tutta la famiglia. Maria con tono piuttosto insolente gli disse: "Oh, finalmente!, hai ritrovato l'uso della parola... non ti riconoscevo più..." e continuò con battute velenose: "Sembrava proprio che tu ti fossi dimenticato di avere una famiglia, una società da mandare avanti. Che ne dici, se anticipassimo la partenza?"

Secco, lui rispose: "Cosa?! Stai dicendo un mucchio di sciocchezze".

Poiché avevano organizzato il loro rientro per il quindici di dicembre, secondo Sami non c'era ragione perché lei si agitasse tanto. Le rammentò che mancava ancora una settimana. A quel punto Maria ribatté: "È vero, ma potremmo utilizzare meglio il nostro tempo disponibile, pensando solo ai nostri progetti".

Incredulo, lui chiese:

"Non ti seguo. Di che progetti parli? Forse non ti rendi conto che in questo momento ci sono dei problemi urgenti da risolvere. Mia madre e mio fratello hanno bisogno di me".

Lei non l'ascoltò. Non era padrona di sé. In preda alla collera gli disse che lui la stava ingannando, le nascondeva chissà quali misteri e gridò: "Perché non mi hai parlato prima che c'erano dei problemi?".

"Ho cercato" lui rispose, "ma sei sempre così arrabbiata!". Maria lo guardò con aria di sfida.

"Ah sì? Io, invece, ho il sospetto che ti stai prendendo gioco di me. Dico bene?".

Lui la fulminò con parole molto dure: "Sei così arida, fredda, maligna. Mi fai pena! Da quando mio padre è morto, l'unica cosa di cui ti sei veramente preoccupata è stata la sua eredità. Mai una carezza, mai una parola di conforto, né con me né tanto meno con i miei. Sono stanco della tua gelosia, dei tuoi scatti d'ira senza senso. Ho masticato per anni tanti bocconi amari... troppi! È ora di finirla. Se pensi di farmi cambiare idea, sbagli. Vuoi partire? Va' pure; non posso costringerti a rimanere. Mi dispiace per Mirko, ma io resto".

A quel punto, divorata dalla rabbia, sotto ai nostri sguardi allibiti, urlò portandosi le mani alla testa: "Tu sei pazzo!? Parto domani, con il bambino. Se vuoi raggiungerci sai dove trovarci".

Furibonda, uscì sbattendo talmente forte la porta che la casa tremò e Mirko scoppiò in lacrime. Già in altre occasioni avevamo notato che tra di loro c'era molta tensione, tanto da azzardare ipotesi su una crisi del loro rapporto. Quel litigio ce lo confermò».

Pensai che una reazione così violenta non fosse normale e mi venne naturale chiedere a Greta se dopo la sfuriata avessero cercato di parlarle. Forse sua sorella aveva bisogno di essere aiutata, di rivedere alcune sue posizioni, di ritornare sui suoi passi per non compromettere, ancóra di più, il rapporto con Sami.

Mi rispose senza esitare: «Certamente!».

Poi, tranquilla stringendosi nelle spalle, commentò: «Lei, però, era così testarda. Nessuno è mai riuscito a persuaderla. Sulle sue decisioni non tornava mai indietro. Era irremovibile. Infatti, dopo quella lite, mia sorella preferì andarsene e lo fece in quattro e quattr'otto. Mah!, solo Iddio sa cosa avesse dentro. Come ti ho già accennato all'inizio di questo racconto, tra di noi non c'era molta confidenza».

Accendemmo una sigaretta e mangiammo un cioccolatino.

Greta riprese a raccontare: «Tre giorni dopo, la mia vita ebbe una svolta, successe una cosa che non avrei potuto evitare razionalmente».

Lanciandomi un sorriso, ironizzò: «Bé... spero di non scandalizzarti troppo» incalzò divertita.

«Non credo. Sono adulta e vaccinata!» ribadii.

Eravamo dunque arrivati al cuore della storia: al momento tanto atteso! Questo pensai fra me e me. Le sue parole, inutile negarlo, accrebbero ancor di più la mia curiosità.

«La domenica mattina, nella nostra famiglia, era una consuetudine alzarsi presto.

Si faceva una ricca colazione, un bagno caldo e profumato, ci si infilava nell'abito più bello ed elegante (quello riservato alla festa, tanto per intenderci) e poi si andava a compiere il nostro primo dovere: partecipare alla funzione religiosa. Un dovere al quale, un buon cristiano, (se era tale), non poteva sottrarsi.

A dire il vero, per alcuni, era più un'abitudine che una convinzione religiosa.

Dopo la messa ci si dirigeva dai parenti, oppure verso il centro della città. Lì, ci lustravamo gli occhi, guardando le vetrine dei negozi. Incontravamo amici e conoscenti, per una chiacchierata o semplicemente per un aperitivo o un caffè. Sai faceva tanto chic!

Infine, soddisfatti, all'ora di pranzo tornavamo a casa con qualche pettegolezzo in più da raccontare e questo ravvivava la nostra tavola. Un programma, che per la sua ripetibilità può sembrare noioso, ma che invece dava una marcia in più, per affrontare meglio la nuova settimana.

Tuttavia, una volta feci un'eccezione.

Poiché, con il mio ragazzo ero rientrata tardi, il giorno dopo dormii. I miei genitori come al solito uscirono presto. Verso le dieci, lo squillo insistente del telefono mi strappò dal sonno. Con gli occhi ancóra serrati e la bocca impastata, raggiunsi il telefono accanto al letto. La voce mi uscì come un lamento.

«Greta sei tu?», domandò Sami, non riconoscendomi.

«Sì», risposi, felice di sentirlo.

Si scusò di avermi svegliata e domandò se verso l'una potevo accompagnarlo da sua madre, perché non riusciva ad avviare la macchina dell'azienda. Alla mia risposta affermativa, disse allegramente: "Ti aspetto in ufficio".

Avrei fatto qualsiasi cosa per lui. Quella richiesta era l'occasione per dimostrarlo. Tra uno sbadiglio e l'altro, mi stiracchiai ben bene e saltai giù dal letto. Una doccia per svegliarmi, il tempo necessario di indossare un abito seducente e caldo... e via!

C'era un freddo pungente e pioveva. La strada era quasi deserta, così giunsi sùbito da lui. "Accidenti! ... sei più veloce della luce" esordì nel vedermi con così largo anticipo e, chiese: "Hai già fatto colazione?"

"No", risposi.

Allora mi prese la mano e disse: "Vieni ti preparo un caffè".

Lo seguii in ufficio senza fiatare.

Mi fece cenno di sedere sul divano e voltandomi le spalle si diresse deciso verso la macchina del caffè. I ricordi legati a quella stanza mi portarono alla memoria i momenti migliori, ed io fui stupita nel constatare di non aver dimenticato nulla.

La prima volta, che avevo messo piede in quell'ufficio avevo dieci anni, ero seduta come quella mattina su quel divano, quando notai, un acquario originalissimo che fungeva da scrivania. Mi avvicinai per osservarlo meglio.

Era uno spettacolo stupendo!

Una finestra su un piccolo mondo in miniatura. Un mondo sommerso fino a quel momento a me sconosciuto. I pesci: attivi e fantasiosi, come tanti coriandoli colorati, ora scivolavano rapidissimi, ora volteggiavano, ora sbucavano silenziosi e morbidi tra le rocce e le piante più svariate, per sparire come per magia, in chissà quale nascondiglio, sotto ai miei occhi incantati.

Fu così che rivolgendo lo sguardo sia a lui che a suo padre, avevo balbettato: "Ma... ma qui c'è il mare?".

Era seguita una fragorosa risata di entrambi. Suo padre, lanciandomi una rapida occhiata, aveva ironizzato: "Forse!".

Tra sorrisi e battute, infine mi spiegò che quell'acquario di acqua dolce era stato costruito da lui quando era nato Gianni; il primo figlio. Provai, così, una strana sensazione. Quell'uomo non c'era più, ma tutto in quella stanza parlava di lui.

Sapevo quanto rari e preziosi erano stati quei momenti, ma sapevo anche che non si sarebbero più ripresentati con la medesima atmosfera, poiché ogni evento ha una sua ragione d'essere nel tempo in cui si colloca. Così mi colse un po' di nostalgia e quando lui tornò con il caffè, non poté fare a meno di notare il mio turbamento.

Accarezzandomi il volto con lo sguardo, domandò: "Cos'hai?".

Il cuore mi batté forte. "È che sono passati tanti anni, sono cresciuta e un po' me ne dispiace".

"Perché?" sussurrò.

"Perché crescendo sono aumentati anche i ricordi" mormorai.

E sùbito dopo spiegai che gli stessi, a volte,

ci rubano le notti con dolci melodie, altre volte ci infliggono dolore e ci costringono a denudarci, altre ancóra ci lasciano del tutto indifferenti. Qualcuno, dissi, li trova belli, interessanti, a me paiono tristi anche quelli felici. Giustificano, a mio avviso, e consolano in modo piuttosto amaro, coloro che non hanno più nulla da raggiungere nella loro vita". "È vero" rispose dolcemente, "ma è anche vero che aiutano il nostro cammino. Se io non potessi ricordare le cose belle che tu mi hai dato, oggi sarei un uomo triste".

Alle sue parole lo guardai dritto negli occhi. Per un istante ci fissammo, come paralizzati. Poi lui mi sollevò il mento con la mano e con voce seria, chiese: "Lo ami?".

La domanda mi colse un po' di sorpresa: "Chi Stefano?".

Sgranò gli occhi: "Perché, c'è qualcun altro?". Divertita lo rassicurai che non c'erano altri uomini. Cercai di spiegare che la nostra storia non era poi così travolgente.

Fu allora, che Sami, continuando a fissarmi, appoggiò le sue braccia sulle mie spalle e a voce bassa, domandò: "Perché, com'è l'amore travolgente?". Imbarazzata, cercai di sfuggire al suo sguardo senza riuscirvi. La voce cominciò a tremarmi, quando cercai di parlare: "Bé, non saprei spiegarlo... è una cosa che si sente".

Fu allora che mi strinse a sé. Appoggiò la

sua bocca morbida sul mio collo, deponendovi un bacio leggero e un brivido come una brezza di vento mi percorse dalla testa ai piedi. Poi, mormorò in un orecchio: "È forse questo?".

Irrequieta e sempre più a disagio non riuscivo a capire cosa diavolo mi stesse succedendo. Forse era il suo profumo, la familiarità con cui si muoveva, il modo di guardarmi, il corpo virile a confondermi così tanto.

Questa fu la mia riflessione.

E quando, infine, mi alitò sulla bocca la medesima domanda, non ebbi più dubbi. Sapendo la risposta, il sì mi uscì con un gemito. Sùbito dopo diventai rossa come un peperone.

"Ti amo. Ti ho sempre amato" mormorò, stringendomi forte da togliermi il respiro. Anch'io lo avevo sempre amato, nonostante avessi rifiutato di crederlo. In quel momento ebbi paura di me stessa. Non avevo il diritto di amarlo. Era pur sempre il marito di mia sorella. D'un tratto, anziché fuggire, lo implorai di dirmelo ancóra.

Quando le sue mani salirono lungo i miei fianchi, non lo fermai, anzi lo incoraggiai in modo spudorato. La mente mi diceva che per nessuna ragione al mondo dovevo negarmi il piacere di possederlo, sentirlo mio almeno una volta.

E bastò soddisfare quella voce, perché il desiderio si ripetesse ancóra, nei giorni seguenti.

La passione scorreva in noi come un fiume in piena. Le bugie erano il nostro pane quotidiano.

Di giorno ci telefonavamo.

Di sera, dopo cena, ci incontravamo in quell'ufficio, ormai diventato la nostra alcova. Ai miei dicevo che uscivo con Stefano. A lui di essere troppo stanca per uscire. Stare insieme giustificava il nostro amore, dissetava le nostre anime, cullava le notti, spesso insonni. E la cosa buffa è che non eravamo mai stanchi.

L'amore ha il potere di ricaricarti, di creare fra te e gli altri un'aurea di positività, di totale disponibilità. Traspare nel modo di parlare, dalle azioni, dal volto.

In quel periodo mi sentivo bellissima. Come se all'improvviso, nel cuore, mi fossero esplose le cose più belle e più tenere che la vita poteva offrirmi. I miei genitori attribuirono il merito di questo mio cambiamento alla storia con Stefano.

Cinque giorni dopo, Sami partì.

Ci salutammo con il cuore oppresso, sforzandoci di apparire il più possibile normali. Attenti a non lasciarci sfuggire con un gesto, una parola, la più piccola emozione.

Dio solo sa, quanto mi costò. Stavo male ... male da morire!

Tornata a casa, mi chiusi in camera e piansi. Piansi finché non ebbi più lacrime. Quello fu un momento in cui cominciarono a profilarsi all'orizzonte i primi dubbi, le prime paure e l'insistente senso di angoscia di chi non è in regola con la propria coscienza. Mi trovavo al margine di un dirupo.

Il pericolo era in agguato.

D'altronde cosa dovevo aspettarmi? Avevo messo radici in un altro campo. Così, pensando a mia sorella, provai disgusto per me stessa.

Un'azione si era già compiuta.

Non potevo cancellarla. Avrei, però, potuto, con un atto di coraggio, dominare il desiderio, troncare di netto la relazione, ma in me non c'era né l'intenzione né la volontà di farlo. Soltanto all'idea, il dolore mi torceva lo stomaco. Non riuscivo ad immaginare i miei giorni senza di lui.

Avevo ancóra addosso l'odore del suo corpo, il ricordo delle sue mani, il suono delle sue parole.

Ero egoista o immorale?

Forse entrambe le cose. Forse nessuna delle due.

Comunque questa era la domanda, che mi ponevo spesso, pensando ai miei giorni tutti uguali: vuoti e scuri».

Greta smise di parlare. Una leggera malinconia le oscurò il volto. Ci fissammo in silenzio. Poi, al delizioso profumo delle cibarie provenienti dalla cucina, lei guardò l'orologio, ed esclamò: «Accidenti, è l'una!».

«Già», risposi, sorridendole: «il tempo è volato».

Sùbito dopo, arrivò la cameriera filippina, con i piatti che lei aveva incaricato di preparare: tortellini in brodo, brasato e purè, meringa al caffè.

Greta si alzò facendomi cenno di seguirla.

«Su, andiamo a mangiare» disse.

Ci sedemmo l'una accanto all'altra. La tavola era molto elegante, con la porcellana e l'argenteria delle grandi occasioni. Nel centro, sulla preziosa tovaglia bianca, spiccava una bella composizione di fiori freschi. Da quel momento, colpita dalla sua cortesia, mi sentii come se fossi a casa mia. Mi complimentai della tavola e del cibo e le dissi che mangiare tutte quelle prelibatezze era una vera libidine. Infatti, una delle mie più grandi passioni, oltre il mangiare, era proprio la cucina.

«Non solo!» ribatté Greta.

Inevitabilmente la conversazione scivolò sul mio lavoro.

Le confessai quanto la scrittura, in quel periodo, mi avesse delusa e spossata.

Era una compagna esigente e intransigente, qualche volta invadente.

«Nella vita di chi scrive» osservai «ci sono momenti in cui le parole non emettono più suoni armonici: ubriacano solamente. Allora è necessario accantonare. Un po' come si fa con il pane: una volta impastato si lascia riposare e lievitare».

Al termine del pranzo, lei fumò avidamente la sua sigaretta. Poi, scherzosamente, mi domandò se fossi ancóra disposta a conoscere il seguito della storia.

Proruppi in una breve risata e dissi: «Altroché! ... non vorrei proprio adesso privarmi del finale? Chissà! ... forse un giorno, potrei anche scriverla la tua storia».

Un largo sorriso le si stampò sul volto. Entusiasta riprese a raccontare.

«Sùbito dopo la partenza di Sami, lasciai Stefano. Da quel momento riconobbi per sempre la sovranità di quell'amore. Lo difesi e lo rispettai con tutte le mie forze.

Era il mio progetto.

Ho sempre creduto nella fatalità, pertanto non mi chiesi, né mai mi chiederò, perché proprio a noi ci era toccato un simile destino. Era accaduto perché doveva accadere. Punto e basta.

Prima che potessi ricevere una sua lettera, passarono quasi tre settimane. Quando la lessi, ebbi la certezza assoluta del suo amore e i dubbi che mi avevano tormentato così tanto l'anima, lo spirito e il corpo, all'improvviso sparirono come erano arrivati. Da quel giorno ci scrivemmo spesso.

Le lettere erano il nostro ossigeno, il veicolo che trascinava la nostra piccola e grande quotidianità.

In esse vi inserivamo di tutto: pensieri innaffiati da profumi personali; petali di margherite, con le quali ci eravamo divertiti a fare m'ama e non m'ama, ciocche di capelli, poesie scritte quando intorno a noi c'era aria di tempesta e il sole non splendeva più, foto e ... tante, tante altre cose ancóra».

«Splendido!» esclamai, «ma scrivendovi, non avevate paura di essere scoperti?».

«Assolutamente. Le missive venivano indirizzate a due amici. Amici fedeli, premurosi che il giorno stesso in cui arrivavano le consegnavano nelle nostre mani.

Il tempo, intanto, ci aiutò a mettere a fuoco i nostri sentimenti.

Alla mia prima domanda, seguì una risposta illuminante: era certo che sapessimo veramente di amarci, dal momento che non eravamo capaci di rinunciare al nostro amore, per l'amore di qualcun'altro?

Nessuno di noi due era così crudele e incosciente da voler distruggere la vita di altre persone. Farlo, avrebbe significato non credere nel nostro amore, quindi rinunciammo al nostro sogno. Sapendo di non poter vivere insieme, cercammo di goderci quello che avevamo. È stata una lotta dura.

La pace è quasi sempre una mèta difficile

da raggiungere: richiede un cuore ardito e paziente. Il suo sentiero è lungo, tortuoso e ti consuma. Si sta male e si è soli. Infatti, più cercavamo di seguirla, più il dolore peggiorava.

Sami mi scriveva spesso: "Sono a letto con Maria, ma faccio l'amore con te. Ti desidero continuamente. Sta diventando un'ossessione".

Inizialmente quest'idea mi eccitava. Ero orgogliosa di sapere quanto lui mi desiderasse. In seguito, ripensandoci cominciai a sentirmi un po' a disagio. La frase: "Non si può mai essere sicuri dei sentimenti dell'altro", soddisfaceva il mio pensiero.

Chi, infatti, potrebbe dire con certezza che il nostro partner, in quei momenti non ci tradisca, immaginando o sognando un altro o un'altra. La fedeltà assoluta non esiste. È una regola che ci imponiamo per non farci male e amplificare la sua durata».

Riflettei sulle sue parole e dissi: «Alcuni pensano che queste fantasie sessuali servano a ravvivare i rapporti. Forse. Comunque sono un gioco pericoloso... Fanno leva su facili emozioni. Non possiamo sapere, come e quando, potrebbero condizionare il nostro pensiero. Credo che la libertà senza un minimo di censura diventi difficile da gestire».

Lasciammo cadere il discorso. Seguì un breve silenzio. Poi, Greta continuò.

«Dieci anni dopo, nel mese di agosto, un evento del tutto inatteso e incredibile portò un radicale cambiamento nella nostra famiglia. Anzi, la sconvolse sotto tutti i punti di vista. Maria lasciò Sami per un altro uomo.

Si era perdutamente innamorata del suo commercialista. Un tipo affascinante, un po' scorbutico e senza scrupoli, che aveva accumulato nel giro di pochi anni una grossa fortuna. Il paradosso è che mia sorella, nonostante fosse succuba di questo uomo, se ne compiaceva.

Non la riconoscevo più. Per la prima volta la vidi con occhi diversi. Chi era, in realtà? Forse... non era, poi, così forte come voleva far credere. Naturalmente, dopo quella notizia la mia reazione fu negativa. Amareggiata, svuotata, mi resi conto di quanto fosse stato inutile mettere fine alla nostra relazione.

Noi avevamo rinunciato a realizzare il nostro sogno in nome di un amore superiore. Lei con un colpo di spugna aveva cancellato una famiglia. Era terribile e, al medesimo tempo, buffo. Davvero buffo! Passato e presente si mescolarono.

Forse era troppo tardi per sperare di afferrare, ricomporre una storia spezzata, ma valeva la pena di tentare. Questo pensai, quando Sami prese la saggia decisione di tornare a Parma e di rimettersi in società con il fratello. Nello spazio di poche settimane, ritrovò la sicurezza in se stesso. Mirko, invece, non se la sentì di seguire il padre. In Australia era nato e cresciuto. Lì, c'era tutto il suo passato e l'aspettava un futuro ancóra da costruire. Era giusto che rimanesse».

Sorridendole domandai: «Cosa hai provato, nel vedere Sami?».

Ricambiò il mio sorriso e disse: «L'avevo desiderato talmente tanto che quando lo vidi, non osavo crederci. L'idea di gettargli le braccia al collo, di dirgli quanto mi fosse mancato e lo avessi desiderato, mi bloccò le gambe. Dieci anni sono tanti! Lui aveva cinquantuno anni, io trentasei. Il tempo, però, non aveva lavorato granché sul suo fisico.

Era lo stesso di sempre, con qualche ruga in più e un po' di bianco tra i capelli.

Giusto quel tanto da conferirgli un'aria interessante, eccitante che a me piaceva tanto. L'amore venne vissuto con maggiore passione, quando riprendemmo la relazione.

Dopo un mese decidemmo che ci saremmo sposati appena lui avesse ottenuto il divorzio. La notizia sollevò un mare di polemiche e di preoccupazioni. Noi eravamo amati da entrambi i genitori, ma il fatto che io potessi contrarre un'unione con l'ex marito di mia sorella era decisamente scandaloso.

Inoltre, erano convinti che in una coppia, quindici anni di differenza fossero troppi.

Il matrimonio sarebbe stato un fiasco solenne e loro non avrebbero retto a un secondo fallimento».

La guardai intensamente e con un po' di imbarazzo le chiesi: «E tua sorella, come si è comportata?».

Fece una smorfia di disgusto: «In modo abominevole... Ci insultò piuttosto volgarmente. Anche se non era vero, in quel preciso istante pensai di odiarla.

Non potrò mai dimenticare quel giorno.

Per tale ragione chiudemmo il nostro rapporto con lei. Si riaprì solo tre anni fa, quando morì nostra madre».

Ci fu una pausa, durante la quale, lei versò in entrambi i bicchieri un po' di spumante.

L'ansia di sapere era talmente forte che non mi riuscì di frenare la lingua e all'improvviso le domandai: «Ma alla fine, vi siete sposati?».

Annuì. Sùbito dopo, la voce si fece seria. «Avrei voluto un matrimonio diverso... purtroppo non fu possibile realizzare il mio sogno. Perché la nostra unione contrastava con la norma evangelica dell'indissolubilità del matrimonio».

Intervenni: «Cioè, quella secondo la quale i divorziati che si risposano civilmente, non solo violano questo sacramento, ma commettono anche adulterio?».

«Esatto!» esclamò «ci sono cose nella vita che non pensi finché non accadono, e, ad un tratto, davanti a te tutto diventa trasparente. Inizialmente, questa legge di Dio la sentii come una punizione e solo più tardi ne capii il senso».

«D'accordo, ma tu stai parlando di un problema di coscienza legato alla fede cattolica».

«E qui sta il punto. Non pensai di essere sottoposta al giudizio di Dio, né di dover interrompere il nostro rapporto e trasformarlo in un legame fraterno, ma piuttosto maturare l'idea dell'amore. Un amore fuori le regole. Senza sesso, con maggiore sensualità.".

«Tu pensi che il sesso distrugga i rapporti tra un uomo e una donna?».

«Non sempre. Qualche volta».

«Quando?».

«Quando, come tu stessa hai già accennato, si abusa e si diventa schiavi degli appetiti sessuali. L'esasperazione non è mai un bene, nasconde una grande insoddisfazione interiore».

«Scusami, non vorrei offenderti... ma, Sami era d'accordo?».

«Certamente. Il nostro rapporto è fondato sulla fiducia e sul rispetto reciproco, così come le decisioni che di volta in volta vengono prese. Allora scoprimmo che il dono di sé era una grazia e il nostro amore era troppo grande per essere svilito... andava difeso dall'egoismo e dalla volgarità di un abbraccio carnale.

Così, inizialmente imparammo ad usare i cinque sensi per ascoltare ogni mormorio, raccogliere un sussulto, ogni respiro del nostro cuore. Ora i nostri incontri d'amore non sono più finalizzati e indirizzati per raggiungere l'oggetto sessuale».

«Secondo te, questo è il modo in cui si realizza l'amore?».

«Assolutamente no, ma questo è il mio».

Si alzò, si avvicinò alla credenza, tirò fuori un diario, lo aprì e disse: «Ti leggo ciò che mi scrisse Sami il giorno dopo il matrimonio:

L'amore non si realizza invocando il suo nome, ma ricevendolo con un pensiero puro, una parola semplice che equivale ad un tesoro: sì. Sì, per dire: Dio ti ringrazio di avermela donata. Fa' sì che in lei si compia il mio amore. Sì, perché senza di te nella mia vita ci sarebbe una pagina non scritta... sì, perché quando mi levo e mi corico con te al mio fianco, possa ritrovare il respiro di quel progetto divino; sì, perché vorrei vivere tutti i giorni che ci restano con te. Sì per dire ci sono. Ci sono per dire sempre. Sì, per continuare a dirti infiniti sì oltre i confini della morte».

Proprio così, Greta finì il suo racconto.

INDICE

Finito di stampare nel mese di gennaio 2004
dalla Tip.Le.Co. - Via S. Salotti, 37 - Piacenza
Printed in Italy